JN242602

斎藤一人

# 斎藤一人の
# 自分を生きる
# 極意

サンマーク出版

# はじめに

人生とは、つまるところ「幸せ」かどうかです。

幸せだったらどんな人生でも満足できるし、幸せじゃない人は、ひたすら幸せを追い求めることになる。すべては、幸せが基準なの。


幸せの定義とはなにかと言うと。

まず、生きるって楽しいと思えること。

もう少し踏み込んで言えば、悩みが出てきても、すぐに解決できる状態でいられることです。


どんな悩みでも、それを解決するには、自分が変わるしかありません。

自分が変わらないまま、出てくる現実を変えたいと言っても無理なんだよね。そんなのは、釈迦《しゃか》やキリストだって不可能です。

世の中には、さもそれがありうるようなことを言う人もいるけど、たとえそれが有効な方法だとしても、一時しのぎ程度で根本的な解決には至らないと思います。


この世で自由になるのは、自分の考え方や、行動だけです。

人を変えることは、絶対にできません。

でもね、これがなんとも面白いところなんだけど、自分が変わると、周りの人も、起きることも、なにからなにまで変わってくる。

つまり、この世界を動かすカギは、自分が持っているということだ。


あなたの住む世界を幸せで満たすには、自分のなかにある「幸せのカギ」を見つけるしかありません。

そしてその方法を、この本でお伝えしたいと思います。


幸せのカギは、探そうと思えばすぐに見つかります。

しかも、一度そのカギを手に入れたら、二度と不幸になることはできません。

人生が整い、一生、あなたを幸せにし続けてくれますよ。

【お知らせ】

私は自分を大切にしているので、いつも自分のことを「一人さん」と呼びます。

また、本書には「神様」という言葉が繰り返し出てきますが、これは天地をつくった大いなるエネルギーを指すものであり、特定の宗教とはいっさい関係ありません。

もくじ

# 第2章 小さな「習慣」の繰り返しが幸せを育てるよ ～日々の言動と思考を整える～

## 第3章 「人間関係」で幸せはもっと彩られるんだ ～人とのかかわり方を整える～

## 第4章 「お金」「仕事」がもたらす幸せってあるからね

### ～成功の道を整える～

## 第5章 幸せな人は「魂の世界」や「命」をこう考えます
### ～生死との向き合い方を整える～

装丁　萩原弦一郎（256）
本文DTP　朝日メディアインターナショナル
校閲　株式会社ぷれす
構成　古田尚子
編集　新井一哉（サンマーク出版）

# 第1章

# ほかの誰でもない「自分という人間」をまず幸せにしてあげな

## ～自分自身のあり方を整える～

# 本当のあなたはスゴいんだよ

人間には、「自分はこの世界で必要とされる存在だ」という、自己重要感が必要です。簡単に言うと、「自分はスゴいんだ」っていう感覚なんだけど。

これがないと、人は不運に見舞われたときにすごく弱い。些細《ささい》なことで傷つき、心が壊れてしまいます。

その反対に、自分はスゴいと思える人は最強です。

心が疲れようがどうしようが、まず壊れない。というか、そもそも心が疲れること自体、こういう人は滅多にないと思います。

なぜ、自己重要感がそんなに大事なのか。

それはね、私たちの魂は、もともと唯一無二の価値があるからです。

人の命（魂）は、この宇宙を創造した神様からもらった「分《わ》け御霊《みたま》（神に分けてもらった命）」なの。つまり、人の本質は神様そのものであり、神様と同じぐらい偉大な存在ということになる。

それなのに、あなたが「どうせ私なんて」とかって自分否定すると、本来の姿とかけ離れてしまうから、魂が嫌がるんです。本当の姿に戻りたがる。

でね、こうした魂の訴えがストレートに人間の心に響けばいいんだけど、残念ながら、そう簡単な話ではなくて。

これまで、人にバカにされたり、尊重してもらえなかったり、そんな経験をたくさんしてきた人は、心に分厚い汚れをためこんでいます。悔しさや我慢、苦しみ、怒り、悲しみ……こうしたやるせない感情が、汚れとなって心にこびりついちゃってるの。

その汚れが邪魔をして、魂の声がうまく聞こえず、「人に褒められたい」「みんなに認めて欲しい」という、間違ったやり方で自分の存在価値を実感しようとするんです。

結果、自分を押し殺して人に媚《こ》びを売ったり、本音を隠して優等生を演じたり。あるいは、相手を下に見ることで、自分には価値があると思おうとする。マウントする人って、一見、強そうに見えるかもしれません。でもね、本当は自己重要感が希薄で心がボロボロなの。

じつは、必死に「助けて」と訴える、魂のＳＯＳなんです。

本当のあなたは、もともとスゴい人です。わざわざ人に嫌われることをして、それで自分の価値を見出《みいだ》そうとする必要はないんだよね。

人はみんな、この世界で唯一の存在であり、ひとりでも欠けると、この地球という星の調和は取れません。

この世界に、存在しなくていい人なんてひとりだっていないよ。

そのことに気付いて本当の自分を取り戻せば、世界は驚くほど明るくなる。

あなたという神が持つ、無限の可能性が開花するんだ。

# 自分を愛して褒める。忘れてないかい？

自分はスゴいんだ。そう思えるようになるには、まず自分を愛することです。

ただ、長らく自分否定ばかりだった人は、どうやったら自分を愛せるのかわからないかもしれないね。

そんな場合は、徹底的に「自分褒め」をすればいいんです。


日本では、自分を卑下するのがまるで美徳のように語られてきたから、自分褒めに抵抗のある人もいると思います。

だったら、自分のことを大親友だと思ってごらん。

大切な相手なら、誰だっていいところを褒めたくなるでしょ？　その感覚で、些細なことでも自分を褒めてみな。


そんなに力むことはないの。最初は、心のなかに自分否定の気持ちがあったっていいんです。

まずは言うだけでいい。とにかく、自分を褒めて、褒めて、褒めまくる。

「今日も仕事に行く俺、偉いぞ！」

「私って、笑顔が可愛《かわい》いよね！」

そんな感じでことあるごとに自分を褒め続けていると、魂がめちゃくちゃ喜んで、心の汚れがポロポロ剝がれ落ちてくるんです。「自分はスゴい」という愛で、どんどん心が満たされてくる。


人に褒めてもらおうと思うと、いつ褒めてもらえるかわかりません。

その点、自分褒めなら、いつでも、どこでも、「褒められたい」と思った瞬間にそれを叶《かな》えてあげられるの。

しかも、誰に褒められるより、魂はいちばん自分に近い、自分自身にいちばん褒めてもらいたいんです。

だから、自分を褒めると、魂の喜びが爆発しちゃうの。

誰にでもできて簡単なのに、その効果はハンパないんだよ。

自分を褒め続けていると、褒める自分も、褒められる自分も好きになるから、自分を愛することが自然にできるようになります。

自分自身で、自分の価値が認められるわけだから、もう人の評価で自分の価値を測る必要はなくなるよね。

自分褒めで自己重要感が高まれば、大安心で、自信も湧いてくる。

そういう人は、なにかあって一瞬落ち込んでも、すぐに「でもやっぱり自分は最高だ」って、幸せに立ち戻れるよ。

## みんな、そのままでいいからね

私たちがこの世界でまずやるべきことは、自分という人間を幸せにする。なによりも、それが最優先なんです。

いいかい、本当に重要なことだから、もう一度言うよ。

自分を脇において、人の幸せを考えるのは絶対にダメだからね。

なぜ、一人さんがここまで念押しするのかって言うと、自分が幸せでないと、人の幸せにも協力できないからです。

よく「幸せのおすそ分け」と言いますが、これは本当なの。人はね、自分が愛で満たされ、さらにその愛があふれ出しちゃうぐらい大きくなったときにはじめて、ほかの誰かの幸せを願えるんです。あふれてこぼれる愛だからこそ、気前よく「どうぞ、どうぞ。お返しはいりませんよ」って差し出せる。見返りなんて求めようとも思わないんだよ。

人の幸せをお手伝いするときには、この「無償の愛」がなきゃダメなんだよね。

だから、徹底的に自分を可愛がって大切にする。

家族のため、会社のため、みんなのために、「自分さえ我慢すれば……」という考えでいつも自分を押さえつけてきた人は、それを捨てて自分第一に切り替えることです。

自分褒めで、いちばん大事な自分を満たしてあげなきゃいけない。

でね、そのときに「私なんて褒めるところもない」と言う人がいるんだけど、一人さんが言いたいのは、その思考が間違ってるよねってことなの。

多くの人は、なぜか「完璧なところしか褒めてはいけない」と思い込んでいるんだけど、この世に完璧な人などいないし、立派である必要もありません。

完璧で立派なのは神様だけで、その神様が人間に望むのは、決して完璧を目指すことではない。

「自分の個性を磨いて魅力に変えること」

「自分の魅力を使って成長する（幸せになる）こと」

これが、神様の人間への願いです。

未熟でいいし、自分にないものを探さなくていい。

あなたが持っているものを磨いて、それで勝負するの。わかるかい？

いまの自分を否定して別のなにかになろうとしても、絶対にうまくいきません。そんなことしても空回りばかりで、いまよりもっと状況は悪くなるんです。

人間はね、自分には難しすぎること、向いてないことで上を目指そうとすると、ものすごく疲れるの。がんばってもうまくいかないから、だんだん足も前に出なくなる。

その点、「そのままでいいんだよ」と言われたらどうだろう。

急に肩の荷が下りたようで、気楽にならないかい？　そのままの自分でいい、なにもがんばらなくていいよって言われたら、逆に「ちょっと前に出てみようか」って気にもなるんじゃないかな。

で、それを繰り返すうちに、いつのまにかずいぶん上に来てた……というのが、正しい向上の仕方なんだ。

## 自分のために、自分も人もゆるそう

人間は感性豊かで、それがプラスに働く面もたくさんありますが、憎しみや恨みといった、悪いほうに向いてしまうこともあるんだよね。

憎しみや恨みは、人をどこまでも苦しめます。憎めば憎むほど、恨めば恨むほど、どんどんつらくなっていく。

ゆるせない気持ちって、心に毒の種をまくようなもの。毒の芽が出て、成長して、大木になって、花が咲いてまた種をまかれる……ということを繰り返せば、苦しみがどこまでも大きく、深くなっていくのがわかると思います。

だから、誰かをゆるせないと思ってしまったときは、一刻も早くそれを浄化したほうがいい。


アメリカの研究結果で、こんなデータがあるそうです。

人を憎み、相手の不幸を願う人は、体内でストレス物質が増え、免疫力を低下させたり、認知機能に問題を引き起こしたりする。

それに対し、相手の幸せを願った人は、幸福感が得られるような物質が増す。

心の問題だけでなく、科学的にも、憎しみや恨みが人に悪い影響を与えることが証明されているんです。


とはいえ、どうしてもゆるせない相手をゆるすのは難しいと思います。ひどいことをされた場合は特に、割り切ることなんてできないよね。

ただ、ゆるすというのは、相手のしたことを水に流すとか、なかったことにするとか、そんな意味じゃないんです。

矛盾するようだけど、ゆるせない気持ちはそのままでいい。人を憎んでいる自分を、まずゆるすんだよ。誰かを憎む自分でもいい、そのままでいいんだってゆるす。

心は、「そんな感情を持ってはいけない」と否定されると、余計に反発して憎しみを募らせます。でも「そのままでいいよ」とゆるされたら、頑《かたく》なだった心がほどける。ゆるせない気持ちがそこにあっても、だんだん、憎しみに振り回されなくなってくるんです。

それとね、自分では「あの人がゆるせない」と思っていても、心の深層まで探っていくと、じつは誰よりも自分がゆるせないでいることがある。

だから、まず自分のぜんぶを、そのままでいいとゆるすことが大事なんです。

人を憎む自分、いじけている自分、暗い自分……自分をゆるせない背景にはいろいろあると思うけど、それをぜんぶゆるしてあげな。

どんな自分も、神様と同じ価値があるんだよって。


なんでも急に変わることはないけど、自分で自分に「そのままでいい」「どんな自分もゆるします」と声をかけ続けると、人は本当に、不完全な自分でもいいと思えるようになります。

そのときにやっと、人のことも自然とゆるせるようになるんだよね。


自分だって不完全な人間なんだから、相手にも未熟なところがあるのは当たり前。

やられたことはゆるせないけど、もうかかわるのはやめて、自分を大事にしよう。嫌なやつに気を取られないで、楽しい道に進もう。

そうすると、周りの言動にいちいち振り回されなくなるよ。

# 誰でも自分だけの宝物を持っている

人は誰もが、欠点（コンプレックス）を持っています。そして、ふつうの人は、それをどうにかしたい、直したいと思うんです。

でも、一人さんに言わせると、欠点をなくそうとするのは、自分の最大の長所をつぶすようなもの。自分が持っているいちばんの宝物を捨てるのと同じなの。

あなたが嫌っているその欠点は、神様からの最大のギフトであり、これ以上の長所はないんだよね。

人には、もともと欠点などありません。

あるのは、長所と、欠点のように見える「個性」だけなんだよね。

そしてその個性というのは、磨き上げることで強力な魅力に変わる「ダイヤモンドの原石」なの。

ダイヤモンドの原石に共通するのは、どれも表面的には悪く見える点です。でも、裏を返すと、そのよさが見えてくる。

せっかち　→行動が早く成功しやすい
鈍くさい　→慎重で人の信頼を得やすい
怒りっぽい　→情熱的で人の心をつかみやすい
体が弱い　→人の心や体の痛みがわかって寄り添える

これはほんの一例だけど、欠点に見えることでも、こうして裏側から見てみると、まったく違う印象になるだろ？

いまはまだ磨きが足りないとか、荒削りで悪いようにしか見えなくても、その個性をピカピカになるまで磨き上げてみなよ。

とんでもない、ダイヤモンドの輝きが出てくるから。

そしてこの観点で言えば、「私は欠点ばかりでどうしようもない」とか言ってる人には、間違いなく、とてつもない伸びしろがある。

計り知れない可能性がいくつもあるわけだから、自分はダメだとか、愚痴をこぼしてる場合じゃないんです。

そんな暇があるんだったら、あなたが持つ個性を片っ端から磨いてごらん。魅力が爆発して、あっというまに人生が変わる。それこそ、ごぼう抜きで幸せになっちゃうだろうね。

# みんなが暗いからこそ明るくいこうぜ

夜空の星ってさ、周りが明るいと全然目立たないでしょ？　真っ暗闇だから、あれだけ小さな光でもキラキラ輝けるんです。

もし、星が「周りが暗いから、光るのをやめよう。明るいときに光ればいいや」なんてことになると、いくら光っても見えないじゃない（笑）。

周りに楽しい人がいるときは笑うけど、そうでないときにブスっとしてるのは、日中に光る星と同じなんだよね。

もちろん、みんなが笑ってるときには、あなたも一緒に笑えばいいんだよ。それも大事なことです。

きっと、あなたのとびきりの笑顔がみんなの人気を集めます。

そして、暗いムードのなかでさえ、あなたが明るく笑ってたら、みんなの心に灯がともります。夜空の星みたく、素敵に輝きます。

「あなたがいるおかげで職場が明るい」

「落ち込んだときにあなたの笑顔を見ると、元気が出る」

周りから、そんなふうに言ってもらえるんだよ。

場が暗いときは、じつは大チャンス。暗い職場で明るく笑えば、絶対、あなたの評価は上がります。

いつも明るさを失わない人は、太陽みたいな存在なの。あなた自身が、強烈な光を放つ太陽になるんだよね。

だから、あなたの行くところは、どこも日が差して明るくなる。あなたがそこにいるだけで人に喜ばれ、みんなに「また会いたい」と言ってもらえるようになるんです。

よく、パワースポットを求めて「あそこがスゴい」「ここのエネルギーが高い」とかってあちこち行く人がいるでしょ？　それも楽しいんだけど、いちばん簡単なのは、自分自身がパワースポットになることなの。あなた自身が太陽になる。

どんな闇も、太陽の光には勝てません。ドラキュラだって、太陽の光を浴びたら生きていられないだろ？（笑）　こんなにすごいパワースポットはないよな。

パワースポットだけでなく、世界中の「名所」と呼ばれる場所には、たくさんの人が集まります。

それを観光と言い、「光を観《み》る」と表記する。名所には、輝くなにかがあるから、大勢の人が集まるんだね。

人は、輝いている場所、光ってるものが大好きなの。暗いのは嫌なんだよ。

これは場所や物に限った話じゃなくて、光ってる人のところには、みんなが集まるの。暗闇のなかで輝いたら、なおのことときれいに見えるし、その光は遠くまで届くよ。

# どんな状況でも幸せだと思えるかどうか

本当の幸せとはなにか。

それは、どんな状況になろうとも、「自分は幸せだ」と思う気持ちが揺らがないことを指します。

ふつうの人は、「いいことが起きたら幸せ」「嫌なことがあったら不幸」みたいな受け止めなんだけど、それだと、起きる現象に自分の幸せを委ねることになる。

そうじゃなくて、「俺は幸せなんだ」と決めてしまったら、なにが出てきても幸せなんだよね。

人生が面白いのは、いろんなことが起きるからです。思いもよらないことが出てくるからワクワクするし、スリリングで楽しい。

嫌なことを避けたがる人も多いけど、困ったことがあるから、人は悩み、失敗を重ね、そのなかで学びを深めるんだよ。嫌なことがなきゃ、人生に深みは出ないと思います。

それに、問題解決したときの達成感とか喜びなんて、穏やかな日々が続くだけでは絶対に得られない感覚でしょ?

いいことだけの人生より、嫌なこともあったほうが楽しい。

嫌なことも幸せな人生の一部であり、あなたはいつだって幸せなんだよ。

そもそも、この世界に起きる現象はどれも中立です。そこに善悪はありません。

同じ雨でも、ある人にとっては迷惑かもしれないけど、別の人にしてみれば恵みとなる。いい悪いは、人間の決めつけが生み出しているだけなんだよね。

すべては、自分の思いがどこにあるかで決まります。

起きたことを明るく受け止めることもできるし、不幸とも受け取れる。

じゃあ、あなたはどっちを選びますかってことなの。

幸せな人は、なにをしてもうまくいきます。ただしそれは、幸せな人に悪いことがひとつも起きないという意味じゃない。

あなただけに幸運が集中することもなければ、悪いことばかり起きることもないの。

ただ、起きたことの明るい面を見るのか、暗い面を見るのかで、その次の展開は全然違ってきちゃうんだよね。

なぜかと言うと、明るい面では、いいものがいっぱい見えるからです。明るいから、ご縁やチャンスがよく見える。だから、それを使って幸せになれるの。

その反対に、暗い面だけを見てしまうと、たとえそこにチャンスがあっても、よく見えません。それに、暗闇は恐《こわ》い。不安や心配ばかり募らせるんだよ。

あなたが「なにをしてもうまくいく」人になりたいんだったら、ここで「自分は幸せなんだ」と決めることです。

そしてなにが起きようが、ぜんぶ、幸せの一部なんだと考えてごらん。

そうすれば、自然と明るい面に目が行くし、そこにあるチャンスや学びを簡単に得られる。

こういう人は神様も応援してあげたくなるものだから、天のひらめきだって降りてきます。そのひらめきで、どんな問題も解決するんだ。

# 自分が主役である自覚を持つんだよ

人生は、神様が監督のお芝居みたいなものです。あなたが主役の、あなたのためのドラマです。

だから、「どうせ脇役の人生だし」なんて言ってちゃダメなんだよね。

それから、どんなドラマでも、主役には波乱万丈《はらんばんじょう》があるものでしょ？　で、主役がそれに負けてたらドラマにならない（笑）。

主役というのは、転んでも、転んでも、そのたびに立ち上がります。そして、起きた問題は必ず解決する。

つまり、あなたの人生ドラマで起きることは、あなたならどれも解決できるってことなんです。

それを、もらった役が気に入らないだの、筋書きが不満だのって文句ばかり言うと、芝居が進まないの。テレビドラマだって、キャスティングが決まって「さぁ、撮影しよう」ってときに主役が文句ばかり言い出したんじゃ、周りはドン引きだよな。

いい役者は、どうやったらいいドラマになるだろうかって、もらった役を一生懸命やるの。引き受けた役で、とことんやってやろうじゃないかって。

これを、自分のドラマでやるんだよ。せっかく生まれてきたんだから、今世、楽しまなきゃ損でしょ？　文句より、人生を味わい尽くすの。わかるかい？


リッチな家に生まれたかった、もっと頭がよかったらいいのに。それぞれ思うことはあると思うけど、自分にないものばかり求めてもしょうがないんです。

それよりも、神様が持たせてくれたカードで勝負するの。それは、あなたが今世、ここで学びを深めるために必要な試練なんだよね。

ひどい親の下に生まれる、学校の勉強や運動が苦手、個性的な見た目、リストラ、裏切り、いじめ……いろんなカードがあるけど、どれも不幸の種なんかじゃない。

こういう、一見、悪く見えることこそ、学んだときに得るものは大きいんです。

ゲームなんかでもさ、相手が強ければ強いほど、倒したときにもらえるポイントも大きくなるでしょ？　それと同じなの。

あなたが神様みたく完璧だったら、この世に生まれてくる必要はありません。でも、いまここに存在するということは、あなたには学ばなきゃいけないことがあるという意味なんです。

そして学びを得るには、悪く見えることのほうが、圧倒的に効果が高い。悪いことのほうが、人は本気で考えるからね。

ただ、どんな窮地に追い込まれても、あなたがそこで学んでしまえば、試練のカードはお役御免になる。神様から受け取ったときには「貧乏」「病気」「失敗」みたいなカードだったとしても、一つクリアするたびに、「裕福」「健康長寿」「成功」といった、ラッキーカードに変わるんだ。

あなたのドラマの主役は、あなた自身です。

その自覚をしっかり持って、あなたが持っているカードと向き合ってごらん。

あなただけが演じられる奇跡の物語が、いまここから始まるよ。

# 「上気元の修行」って最上級だからね

人は、楽しいことが好きなんです。面白くもないものと、楽しそうなものがあったら、あなただって楽しいほうを選ぶよね。

楽しいところには、たくさんの人が寄ってくる。楽しい人に人気が出るのは当たり前だし、人気があれば幸運にも恵まれます。

じゃあ、楽しい人になるにはどうしたらいいかと言うと、会話力を上げなきゃいけないとかじゃないの。いつも機嫌よくいることなんです。

一人さんは、明るい笑顔で機嫌のいいことを「上気元」と言うんだけど。

日常生活のなかでいちばん迷惑なのは、不機嫌をまき散らす人なんだよね。

不機嫌なだけだったら犯罪でもないし、別に誰にも迷惑をかけてないって言う人がいるけど、とんでもない話なの。不機嫌は、周りじゅうを不快にさせる迷惑行為です。

どんなに頭のいい人でも、実力のある人でも、容姿の整った人でも、ブスっと機嫌が悪いだけでぜんぶ台無しなんだよね。

せっかくの能力や資質が、不機嫌の一発で吹き飛んでしまう。それぐらい、不機嫌であることは罪深い。


それに対して、上気元の人はスゴいよ。

極端な話、できないことだらけだったとしても、ニコニコ機嫌がいいだけで人に好かれちゃうの。「あの人、仕事は遅いけど憎めないよね～」「つい手伝ってあげたくなる」とかって、できないことは周りがみんなサポートしてくれてさ。

いい人がたくさんついてくれて、「あなたのためだったらがんばれる」と協力してくれる。上気元の人が会社でも興したら、びっくりするぐらい成功しちゃうだろうね。


世の中には、いろいろな修行があります。山にこもるとか、断食や滝に打たれるとか。

でも一人さんは、どんな修行よりも上をいくのが上気元の修行だと思っています。

修行と言うと、何か月も座禅を組み続けなきゃいけない、みたいな難しいことをイメージする人も多いと思います。厳しい修行でないと、悟りは開けないという先入観があるというか。

もちろん、僧侶や山伏になりたいとか、厳しい修行が向いてる人にはいいんだよ。ただ、そうじゃない場合は、あんまり苦しいと、苦痛の表情になっちゃうの。笑顔が消えて、自分も、周りの人も幸せにできないんだよね。

修行ってさ、自分や人を幸せに導くためのものでしょ？　それができるんだったら、なにもふつうの人が厳しい修行をする必要はない。

上気元という、日常生活のなかで誰でも気楽に挑戦できる修行でじゅうぶんだし、むしろ、これ以上の修行はないと思います。

上気元の修行とは、自分で自分の機嫌を取ることです。自分を甘やかし、褒めまくって可愛がらなきゃいけません。

いままでは、家族や会社に遠慮していろんなことを我慢してきたかもしれない。

でもこれからは、世間や周りの顔色じゃなく、自分がどうしたいか、なにをしたいかで行動を決めてください。

人のために、自分を押し殺さない。

自由に好きなことを楽しむ。

これを徹底することが上気元の修行だからね。

あなたが遊びに目覚めることは、立派な修行であり、悟りへの第一歩。

ひるまず、楽しい道を突き進んでください。

## 心がザワつくやさしさは本物じゃない

この世でいちばん強いものは、愛です。この世界を創造した神様が、愛と光だから、これより強い力を持つものはないんだよね。

そして、愛とはやさしさ。人が生きるうえで大事にしなければならないのは、やさしさなんです。

でもね、そのやさしさを勘違いしている人がいて。自分はさておき、人に尽くすことをやさしさだと思っている。

やさしい世界のなかに自分が入っていない、自分が蚊帳《かや》の外ってことは、結局、人の言いなりということでしょ？　献身的に尽くすのはいいんだけど、そのときに、心まで差し出してしまってはいけないの。

自分に対する愛がなかったら、いくら人にやさしくしているようでも、それは本物のやさしさとは言えません。

偽物のやさしさってね、「してあげたのにお返しがない」「こちらばかり気を遣っている」みたいな、見返りを求める気持ちとか、相手に対する不満とか、そういうのがだんだん出てきちゃうの。

自分が身を削っているから、そのぶん得るものがないとイライラしたり、落ち込んだりするんだよね。

それって、相手にとってうれしいことだろうか？

自分をやさしい世界から外してしまうと、結局、誰にもやさしくないってことになっちゃうんだ。

本当のやさしさとは、無償の愛です。だから、一方通行の愛になったとしても、まったく気になりません。

もちろん、感謝してもらえたらうれしいに決まってるけど、無償の愛は、大前提として相手の反応を求めることがないからね。

もともとあふれてこぼれた愛をおすそ分けしているだけで、自分はなにも損をしていない。損もしないのに、心がザワザワするはずがないんです。

違和感があるということは、やっぱり自分がどこかで無理をしている。エネルギーを奪われている。そんなことの表れなの。

その意味では、「人にやさしく、自分に厳しく」というのも、一人さん的にはありえない話です。

というか、少なくとも私は、それができている人を見たことがない。本当にそういう人っているんだろうか？（笑）

ふつう、自分に厳しい人は、ほかの人にはもっと厳しくなるものなんだよね。自分にできないことは、人にできるはずがないから。

自分にすらやさしくできないのに、どうやってほかの人にやさしくできるんだろうって思います。

だから、「自分にやさしく、人にやさしく」。

それが本当だし、これをモットーにいけば間違いないんだ。

## 「苦労は買ってでもしろ」はウソです

昔から、「若いときの苦労は買ってでもせよ」と言われてきた日本には、苦労するのが当たり前だと思っている人が少なくありません。

頭の固い年配者が、若い人に「苦労も知らないやつはダメだ」なんて嫌味を言ったり、人格否定をしたり。楽しそうにしているだけで、「ヘラヘラして不真面目だ」とかってさ。

一人さんはね、本当にそのことを憂いているんです。

いい加減、苦労信奉とか、努力の強要はやめようよって言いたい。若い人に限らず、この世界には、苦労したほうがいい人なんていないの。

私はね、日本でいちばん税金を払うほどの成功を手にしました。そして、いろんな人から「よっぽど苦労なさったんでしょう?」なんて聞かれてきたんだよね。苦労したのが、まるで当たり前のようになってるわけ。

でもね、真相はその真逆です。もし一人さんが苦労ばかりしていたら、納税額日本一にはなれなかっただろう。

私がここまで豊かになり、幸せであり続けているのは、ラクな生き方をしてきたからにほかならないの。

苦労にお金を払う価値はないどころか、いかに苦労しないか。それがキモなんです。

苦労をしなければしないほど、神様に応援され、人に恵まれて豊かになる。だから満たされた人生になるんだよ。

買ってでも苦労すべきなら、世の中には、苦労を売るお店があってもおかしくないでしょ？（笑）だけど、そんなの私は見たこともありません。

確かに、日本を代表する実業家の松下幸之助（パナソニックの創業者）さんでも、本田宗一郎（ホンダの創業者）さんでも、傍《はた》からは苦労の連続だったように見えるかもわからない。ただ、あそこまで成功したってことは、本人にとっては仕事がすごく楽しかったんだろうね。

スポーツ選手でも、一流の職人でもみんなそうだけど、やっぱりひとかどの人というのは、それがたまらなく好きだから自ら厳しい練習をするし、苦しい場面があっても、それすら楽しい。

決して苦労じゃないんだよね。ワクワク楽しんでいる。

人生の時間はひと続きで、「いま」をどう生きるかが、この先に大きく影響します。苦労ばかりしていると、この先の未来では、もっと苦労することになるんだよね。

だから、自分が「苦労している」と感じるのなら、それはあなたには向いてないのかもしれない。

間違った道でがんばるのではなく、楽しい道で、遊ぶがごとく挑戦する。

これこそが、真の成功法則だよ。

# 第1章のおさらい

あなたは神様そのものなんです
まず自分を愛してあげるんだよ
ないものを求めなくていいからね
自分をゆるせないと人もゆるせないんだ
欠点はダイヤモンドの原石です
暗闇で光るあなたは太陽だ
嫌なことも、幸せな人生の一部
人生はドラマ。精いっぱい演じな
自分で自分の機嫌を取るって最高の修行です
心の違和感は無理をしているサインだよ
楽しい道で、遊ぶがごとく挑戦しよう

# 第2章

# 小さな「習慣」の
# 繰り返しが
# 幸せを育てるよ

～日々の言動と思考を整える～

# 幸せの動力を自家発電するんだ

神様が応援してくれる人の特徴は、自家発電できることです。

自家発電というのは、人に依存するのではなく、自分の考え方ひとつで明るくいられることを指します。

簡単に言うと、「幸せに生きるための動力」を自分でつくり出せるってことなの。

そしてこの動力を、「波動」と言います。


波動は、ミクロの世界の小さな粒が寄り集まって生まれるエネルギー（電波や周波数みたいなもの）で、この世界のすべてに波動があると言われます。

私たち人間はもちろん、すべての生物や物、そして現象は、波動によってつくられている。

神のエネルギー。命の源。

波動は、そんなふうに言い換えることもできます。

また、さまざまな物や現象の波動がおおむね一定なのに対し、人間の場合は、「思い（意識）」「感情」によって、同じ人でも、その時々で波動が大きく変化する性質を持ちます。

人の思考や気持ちは、常に波動と対になっていて、互いに影響し合うんだよね。

楽しい気分になれば波動が上がる。

波動を上げたら、心は軽くなって思考が冴《さ》える。

そんな関係性にあります。

また、波動には「似たもの同士が集まる」という働きもあります。

いい波動になると、いい出来事が起きる。

波動が下がると、出てくる現象も嫌なことが増える。

人生に起きることは、いいことも悪いこともすべて、あなたの波動が引き寄せた結果なんだよね。

だから、気分が落ちることがあっても、できるだけ波動を下げないこと。そして、いまより満たされた人生を望むのなら、波動を上げなければならないわけです。

ここで、自家発電の力が試されるんだよね。

自家発電のうまい人は、嫌なことがあって波動が落ちかけても、すぐに追加発電できます。自分で自分をフォローできるから、落ち続けることがない。

いっぽう、自家発電が苦手な人は、落ちた波動を自分で引っ張り上げることができません。それが、どんどん不幸に引っ張られてしまう原因なんだ。

しかもそれは悪循環を起こし、苦しい波動になればなるほど、さらなる苦難を引っ張ってきてしまう。

自家発電ができるかどうかで、人生には天と地ほどの差ができちゃうんだよ。

自家発電と言っても、そう難しい話ではありません。

なにがあっても、自分は幸せなんだ。そう思えたらいいんだよね。

表情を明るくする。

我慢をやめて自分を大切にする。

自分の意思で動かせる「思い」「感情」を、日常のなかで、ほんの少し変えるだけでいいの。

日々の変化は微々たるものでも、その積み重ねは、やがて波動を大きく動かします。いままでとは、引き寄せるものがまるで違ってくる。

硬直していた人生が、明るいほうに向かって動き出すんだよね。

豊かな波動には、必ず、豊かなものが引き寄せられます。

それが宇宙の法則であり、この法則を、自分の意思ひとつでいくらでも活用できるのが、人間だけが持つ大きな特権なんだ。

## 言葉は神様へのオーダーです

人間の脳は精密で、ほんの少しでも辻褄《つじつま》の合わないことを嫌がります。

だから、たとえ心のなかに不満があっても、「幸せ、幸せ、幸せ」って声に出したり、頭のなかで唱えたりしていると、脳が「頭と心のギャップ」を埋めようとして、幸せのほうに心を寄せようとするんだよね。

また、先ほどお伝えしたように、この世に存在するものには、すべて波動が宿ります。それは言葉も例外ではないから、「幸せ」という言葉には、幸せの波動がある。「楽しい」と言えば、言った人も、聞いた人も、楽しい波動を浴びることができます。

こうした言葉の波動を、「言霊」と呼ぶのですが、いい言葉を使うと、脳の作用と言霊のダブルでエネルギーが得られるので、自家発電としては最強なんだ。

見方を変えると、言葉は、「神様へのオーダー」とも言えます。

たとえば、食事に出かけたお店で、天丼が食べたいなぁと思った。なのに「お蕎麦《そば》をください」と注文したんだよね。

どうなるかと言うと、当たり前だけど、運ばれてくるのはお蕎麦です(笑)。天丼が食べたかったら、ちゃんと「天丼をお願いします」と言わなきゃダメなの。

これと同じことが、人生にも起きているわけです。

幸せが欲しい人は、「幸せだなぁ」って言わなきゃいけないんだよ。いくら幸せを求めても、発する言葉が「嫌になる」「ゆるせない」みたいな不満や泣き言ばかりだと、欲しくもないものを天にオーダーすることになる。

その声が神様に届くと、神様は「不満や泣き言につながるものが欲しいんだな」と受け取るから、出てくるのは嫌な現象ばかりです。

これは、オーダーするほうの問題なんだよね。


いまのあなたが置かれている現実は、あなた自身が、過去に神様にオーダーしたことの表れです。

人生が苦しい人は、間違いなく過去に苦しさをオーダーしたはずだし、そもそも、いまここで「人生はうまくいかないものだ」と思っているその意識が、この先もまた、うまくいかない現実をつくり出す元凶なんだよ。

よくも悪くも、すべてはあなたの意のままです。


明るい未来を手に入れたい人は、日常の言葉から変えてごらん。

天国言葉(※1)をたくさん使って、地獄言葉(※2)は徹底的にやめる。

そうすれば、真に求めるものと神様へのオーダーが一致し、必ず思った通りの現実が出てくるようになる。天国言葉のプロになれば、それこそ、願った以上の人生になりますよ。

(※1)言う人も聞く人も、明るい気持ちになる言葉。左は、代表的な天国言葉。

愛してます　感謝してます
ツイてる　幸せ
うれしい　ありがとう
楽しい　ゆるします

(※2)言う人も聞く人も、嫌な気持ちになる言葉。左は、代表的な地獄言葉。

恐れている　悪口
ツイてない　文句
不平不満　心配ごと
愚痴・泣き言　ゆるせない

# 「感謝してます」で良縁の種まき

いま、一人さんがみんなにいちばん使ってもらいたいのが、「感謝してます」という天国言葉です。

天国言葉は、何十年も前から一人さんが伝え続けているものですが、なぜ、そのなかの一つを改めて強調するのか。

特別なきっかけや目的があるわけじゃないんだけど、少し前に、なんとなく「もう一度、〝感謝してます〟を広めたほうがいいな」と思ったんです。

日本に、世界に、そして地球に、もっともっと感謝波動が必要な気がしたの。

一人さんは、自分がふと思いついたことは、神様からのメッセージだと信じているんです。だから、すぐにそのことを仲間たちに伝えました。

感謝に宿る言霊って、人の心を震わせる、とんでもない力があるんだよね。

感謝には「神の波動」があって、感謝すればするほど、神様が喜んで手を貸してくれる。

それがもっともわかりやすいのは、たくさんの幸運をもたらす「良縁」です。

良縁というのは、読んで字のごとく「良いご縁」なんだけど。

これは、物や出来事といったすべてとのご縁を指すものですが、やはり最強なのは、人とのご縁でしょう。

というか、物や出来事はたいてい人が運んできてくれるものだから、まず人とのご縁がないとどうしようもない。

その種まきとなるのが、「感謝してます」という言葉なんだよね。


また、人の悩みの大半は、人間関係が原因です。

表面的にはそう見えない問題でも、日ごろから人に好かれている人は、困ったときに必ず助けてくれる人が出てくる。自分ひとりではどうにもならないことが、いろんな人に力を借りることで解決するんだよね。

ところが、いままでいい人間関係をつくってこなかった人は、問題が起きたら、ぜんぶひとりで背負うことになります。知恵を出してくれる人も、骨を折ってくれる人もいないのは、本当に大変だよ。

人生がうまくいく人は、まず、いい人脈を持っています。

そしてその人脈をつくっているのが、感謝という良縁の種です。

あなたの周りに、「この人は、いつもツイてるなぁ」って人がいたら、よく観察してごらん。間違いなく、圧倒的な勢いで感謝の種をまいているはずなんだ。

## 自然に波動が変わる感謝の挨拶

感謝の気持ちがなかなか持てない。

感謝していても、照れくさくていちいち言葉で伝えられない。

そういう人もいると思います。感謝なんて当たり前にしているし、表現しなくてもわかるでしょって。

もちろん、昔から言われるように、「目で語る」「表情でものを言う」というのも真実だと思います。

ただ、やっぱり言葉にしたほうが心は伝わるものだし、感謝の気持ちを声に出して言えば、その波動で、自分自身の波動もよくなる。

自分の発する言葉をいちばん聞いているのは、自分です。

人に感謝を伝えるとき、それは相手に贈る言葉のように思うけど、じつは、誰よりも自分が感謝の波動を浴びるの。

相手にも感謝の波動は伝わりますが、それ以上に、言った自分にメリットがあるんだよね。

この意味でも、声に出して感謝を伝えるって、すごくいいことなんです。

そんなこともあって、うちの人たちはみんな、「感謝してます」を挨拶として使っています。

おはよう、こんにちは、こんばんは、おやすみなさい、いってらっしゃい、ただいま、はじめまして、おつかれさま……暮らしのなかにはいろんな挨拶がある。

そのすべてを「感謝してます」に置き換えることで、毎日、自然な形で感謝の波動を積み重ねられるんだよね。

会社に電話がかかってきたら、明るく「感謝してます！」って出る。

旅先のホテルなんかでも、しょっちゅう「感謝してます！」って言うものだから、何度か利用するうちに、ホテルのスタッフさんたちの間では、私たちへの親しみを込めて、「感謝してますのみなさん」という共通認識ができてることも（笑）。

一人さんはね、人生で出会う人はみんな、神様が出してくれた、ご縁のある相手だと思っているんだよね。

ほんの少しのかかわりだったとしても、相手にいい波動を贈りたい。だから、じゃんじゃん感謝の波動を出すし、相手も感謝を返してくれたら、こんな最高なことはありません。

お互いに「感謝してます」を言い合えば、自分も相手も神的波動になる。

出会った人がみんな、それぞれに感謝し合い、それが波紋のように全世界に広がっていけばいいなぁ。

# 俺ひとりでもやる。その覚悟です

ほとんどの人は、いままで一般的な挨拶をしてきたと思います。

それを、急にぜんぶ「感謝してます」に変えるのは難しいかもしれないけど、そういうときは無理をしなくてもいいので、できるところから変えてみるといいですよ。

たとえば、メールにさりげなく「感謝してます」って書き添えたり、最近だとLINE（コミュニケーションアプリ）をやってる人も多いと思うので、そこでのやり取りに「感謝してます」のスタンプを使うとか。

一人さんは携帯電話すら持ってないので（笑）、もちろんLINEを使ったことはないけど、うちの人たちはみんな便利に使っているみたい。それでお弟子さんに聞いたんだけど、いまは「感謝してます」の文字入りスタンプがたくさんあるんだってね。

ということは、気楽に感謝を伝えたい人が増えているという見方ができる。

世の中に感謝が広く浸透しているんだなぁって、うれしくなりました。

感謝を表現することに慣れてきたら、そのうちに、自分の口からも「感謝してます」の言葉がサラッと出てくるんだよね。

で、それでもなかなか言えない人は、感謝が足りないのかもしれません。

だとしたら、誰もいないところで、「感謝してます」を毎日100回でも1000回でも、呪文のように唱えてごらん。

言霊の力は、すごいんです。

言ってるうちに、本当に感謝の波動になってくる。「感謝してます」を言うことにも、抵抗を感じなくなってきますよ。

あとね、これは一人さんがいつも思うことなのですが、

「俺ひとりでもやる」

そんな心意気も大事なの。愛の覚悟だよな。

ほかの人がやろうがやるまいが、自分だけはやると決める。

だってさ、これをすれば自分も人もよくなるとわかっているのに、「みんなはやっ

てない」という理由で躊躇《ちゅうちょ》するのはもったいないじゃない。

だから、私は、自分ひとりでもやり抜く。

そうすれば、少なくとも一人さんの周りには感謝の波動が伝わるでしょ？

で、私から感謝を受け取った人のなかに、ひとりでも感謝の輪を広げてくれる人がいたら、幸せな人は確実に増えるの。


こういうのは、人に強要するものじゃないんです。

自分が明るく「感謝してま〜す」って挨拶してると、周りはだんだん、「この人、なんでいつもこんなに楽しそうなの？」って興味を持ち始めます。

感謝の挨拶をする人には、奇跡みたいなことがじゃんじゃか起きてくるから、それを見たら、周りは真似《まね》せずにいられなくなる。自分も幸せになりたくて、勝手に真似してくれるんだよ。

だから、あなたが感謝の挨拶に興味を持ってくれたんだとしたら、まず「自分がやろう」って決めたらいい。

あなた自身が「感謝してます」の言葉を楽しく言えたら、それでじゅうぶんですよ。

## こんな人とは付き合っちゃいけない

感謝が身についてくると、違和感を覚える瞬間が出てくるんです。

どんな場面でそうなるのかと言うと、感謝のない人に出くわしたときなの。

ふつうはね、こちらが感謝すると、相手はすごく喜んでくれるし、「こちらも感謝してますよ」っていう愛が返ってくるんです。愛を出し合い、ともに波動を高められるわけです。

人はもともと愛と光の存在だから、魂にとって、感謝はご馳走《ちそう》です。

だから、お互いに感謝し合える仲間と一緒にいると、魂が満たされ、すごく心地いい。波動が上がって、幸福感も大きくなります。

ところが、時々、こちらの感謝を当然のように受け取る人、軽くあしらう人がいる。ようは、愛がないんだね。それが強烈な違和感となる。

ソワソワして落ち着かないとか、「なぜかこの人がいると安心できない」みたいな感覚で、これは、いわば魂からの危険信号。

その人から離れなきゃいけないっていう天のお知らせだから、こういうときは、できるだけ早く距離を取ったほうがいいんです。

感謝のない人とは、なぜ一緒にいてはダメなのか？

それは、いまあなたの周りにいるほかの人まで不快にさせてしまうからです。

段ボールに入ったミカンでもさ、腐ったのが1個あると、ほかのミカンまで腐らせちゃうでしょ？　そうならないように、傷んだものがあれば取り出す。

これと似ていて、感謝のない嫌なやつがひとりでも自分のそばにいると、その波動が、周りじゅうに悪影響を及ぼすんだよね。

あなたの波動はもちろんだけど、あなたが大切に思っている人の波動まで闇に引っ張られてしまいます。

自分のためにも、大切な人のためにも、感謝のない人とは離れる。

大事なことなので、覚えておいてくださいね。

## コロコロ変わる心との上手な付き合い方

心は「コロコロ」変わるものだから、「ココロ」と言います。

いい気分でいても、次の瞬間に問題が起きたら、途端に心が曇る。怒ったり笑ったりするのは人間として当たり前だし、それは変えられません。

心の性質は、そうする理由があって神様がつけてくれたものだから、抗《あらが》うことはできないんだよ。

もちろん、一人さんだって例外ではありません。

ただ、私は心の扱い方がすごくうまい（笑）。だから、自分の感情に振り回されることがないんです。


コロコロ変わる心とは、うまく付き合うしかありません。

変わりやすいんだったら、そういうものとして受け入れたらいいんだよね。

たとえば、嫌な気分になったとする。

そのときに、ただ感情を爆発させたり、「イライラして最低だ」とかって自分を責めたりしないことが大事なんです。

そういう気持ちになったことを、誰よりもまず、自分が受け入れてあげる。「腹が立つよな」「そうだよね、わかるよ」って自分の心に寄り添い、無条件に自分を肯定してあげなきゃいけないの。

これも、自分を大切にすることの一つだよね。

みんなも経験があるかもしれないけど、悔しいとき、悲しいときに、人から「それはあなたが悪い」なんて否定されたら、ますます怒りが大きくなったり、落ち込んだりするじゃない。

だけど、余計なことはいっさい言わず「悔しいね」「悲しいね」とわかってもらえたら、そのひと言で救われた気がする。気持ちが軽くなって、まぁいいか、もう考えるのをやめようって、そんなふうに思えてくるんだよね。

このやり取りを、自分自身にやってあげたらいいんです。

心だって、肩がこるように固まってしまうことがあります。嫌な気持ちが固定され、そこから抜け出せなくなることがある。

嫌な感情でいっぱいになった自分に寄り添い、肯定してあげることは、こり固まった心をほぐすようなもの。

滞った流れが促されたら、心のつまりもなくなり、悪い状態からすんなり抜け出せるよ。

## 笑顔とツヤ。この二点で完璧な福相だ

人の外見でまず目に留まるのは、やっぱり相手の顔だと思います。相手に好印象を持ってもらうには、いい笑顔が欠かせないんだよね。

ブスっとしてる人は誰だって不快だけど、ニコニコしている人は、みんなの心を明

るくするじゃない。笑顔の人って、なんか安心する。

顔立ちが整っているほうがいいとか、小顔になりたいとか、みんないろいろ望むことはあるだろうけど、いくら顔のつくりがよくても、不機嫌そうな顔をしていたら、それだけでアウトなんです。


外見に自信がない人は、そのせいで自分が不幸だと思いがちなんだけど、本当の問題は、自信のなさが笑顔を奪っていることなの。

で、その自信を取り戻すために、たとえば美容整形のような道を選ぶのは本人の自由です。ただし、きれいな外見になっても、そこに笑顔がないと魅力的にはなれないということは覚えておかなきゃいけない。

その意味で言えば、見た目がどうだろうが、笑顔が光ってる人は、誰よりも輝いて見える。まるで、その人にスポットライトが当たってるみたく目立ってさ。

だから、仕事でもなんでも「あなたにお願いしたい」「いい話があるから、あの人に教えてあげよう」とかって、チャンスに恵まれるんだ。

それともう一つ、顔に「ツヤ」があるとますます光るんです。

ツヤは健康的に見えるし、豊かな印象を受けるでしょ？　もし心身の不調で笑顔になれなくても、美容オイルやなんかでちょっとツヤを足せば、表情を明るく見せてくれるの。

そして、笑顔に加えてツヤがあれば、これは完璧な福相です。

幸せなこと、うれしいこと、楽しいことを引き寄せる、最高の人相になる。


よく、「あの人は脂がのってるなぁ」と言います。

あれはね、その人の輝きが際立っている、光っていることを意味するのであり、当たり前だけど、顔が脂ぎっているわけじゃない（笑）。

それなのに「脂」という表現が使われているのは、昔の人もやっぱり、顔のツヤ、顔の輝きを大切にしていたことの表れじゃないかと一人さんは思っています。脂にはツヤがあるからね。


人相の話になると、たいていはホクロの位置がどうとか、小鼻の大きさ云々《うんぬん》……みたいな話になるんだけど、実際のところ、そういうのはあまり関係ない。

顔は、笑顔とツヤ。このふたつがあれば100点満点だよ。

## 地球というテーマパークでは動いて遊ばなきゃ

地球は「行動の星」です。

たとえば、神様が知恵をくれたときに、「暇になったらやってみよう」「機会があればやろう」と、行動に移さなかったとします。

そうするとどうなるかって言うと、いくら神の知恵でも、タイミングを逃して意味をなさなくなるんだよね。


神の知恵は、「いま、この人がこれをやるとうまくいく」という、タイミング勝負、鮮度が命のひらめきです。

いい知恵が出たら、即、動く。フットワークの軽さが求められます。

で、神の知恵だから、行動すればうまくいく。すごく楽しいの。

私たちは、行動するために地球に生まれました。

行動しなくていいんだったら、ずっとあの世にいればいい話でしょ？　だけど、みんなこの世にわざわざ肉体を持って生まれてきたんだよ。

その理由は、もらった肉体を使い、動くことで成長したいからです。

この世界に起きることは、肉体のないあの世では絶対に体験できないことばかりなの。だからこそ、あなたの魂は、思う存分行動したくて生まれてきたんだよね。

ここは、地球というテーマパークです。

遊園地に行ったら、めいっぱい遊ぶのが当たり前で、遊園地でじっと寝てる人はいないでしょ？（笑）

それと同じで、地球も、動いて遊び倒す場所なの。

朝起きて食事をしたり、家事に精を出したり、学校や仕事に出かけたりするのも行動です。それをやめてしまうと、いろいろ不具合が出てくるよな。

そんな「行動の世界」では、動くことで、自分にとっての正しい道を見つけるようになっているんです。

行動すれば、その結果で、正しい行動だったかどうかがわかります。

そのとき、正解や不正解の基準になるのが、

「自分が幸せ（楽しい）かどうか」

です。

日常生活の例で言えば、人間は活動したら休息（睡眠）を取る。休んだら、また活動する。

動くこと、休むこと（休む、という行動）のどちらが欠けても、不健康になって幸せから離れてしまう。だから、どちらも必要なことがわかるわけです。

明るく挨拶をすれば、自分も相手もいい気分になるから、挨拶をするのは正しい行動だとわかります。


でね、世間の常識では正しいはずなのに、その通りにやってみたら、全然うまくいかないことがあるんです。

学校に行くこと、苦労は乗り越えるもの、努力しない人は成功できない……世の中にはいろんな常識があるけど、それに従うと息苦しくなる場合は、その道はあなたに

とって不正解なの。

だったら早く方向転換しなきゃいけないのに、いつまでも常識通りにやろうとするから、ますますつらくなるんです。

間違いに気付いたら、別の道に進む。これも、地球での大切な行動なんだ。

## 困ったときは「面白いことが起きたぞ」

たとえば、あなたの職場に嫌な同僚がいるとするじゃない。

そういうとき、神様はその職場であなたがなにをするか見てるんだよね。

相手の地獄言葉に揺さぶられて明るさを失わないか、つられて自分も地獄言葉を使ってないか。

それとも、「自分だけは絶対に明るくいるんだ」って、あなたひとりでも明るくふるまっているかをね。

ようは、神様からの進級テストみたいなものです。次のステージに進むための試験だよね。
そこで合格点を取っちゃえば、それこそパッと世界が変わる。神様から、ものすごいご褒美がもらえます。
と思うと、ガゼンやる気にならないかい？

もし一人さんにそんな場面が出てきたとしたら、ものすごくワクワクするね。「神様がぐうの音も出ないぐらい、見事に攻略してみせるぞ」
そんな意気込みで、ガッツが湧く。
しかも、それが難しい問題であればあるほど、やる気になるんです。だって、大きな山を乗り越えたら、それだけ神様にもらえるご褒美だって大きいはずでしょ？（笑）
みんなが嫌がることでも、一人さんの手にかかると、「面白いことが起きたぞ」ってなるんです。

災難が幸運につながることもある。そんな意味の、「災い転じて福となす」という言葉があります。

この言葉の通り、嫌なことって、決して悪いだけのものじゃない。

悪く見えることは、じつはあなたに最高の気付きをくれる試練であり、言うなれば「幸運のシッポ」です。

それをたぐり寄せた先には、でっかい幸運がくっついている。だから、シッポを見つけたら、絶対につかんで離さないことだよ。

ジェットコースターにでも乗ってるつもりで、どんなに揺さぶられても手を離さず楽しみな。

そういう人が、最後に笑うんだ。

## 世間や人と自分を比べない。それが「悟り」

人は無意識に、世の中の「当たり前」を自分に当てはめようとします。

また、周りと比べて、「自分は劣っている」「あの人のほうが優秀」などと、コンプレックスをつくり上げてしまうんだよね。

本当はそのままでいいし、むしろ、そのままじゃなきゃ自分の宝物をつぶしてしまうことになるのに、それを知らず、「こんなこともできない自分が恥ずかしい」「才能がないから出世できない」「顔が悪くて誰からも好きになってもらえない」とかって自分否定をしてしまう。

でもね、そうやって人と自分を比べているかぎり、人生から苦しみはなくなりません。

人は完璧にはなれないから、いくらがんばっても、「今度はここが足りない」「あの人はもっと上だ」となるんだよね。

死に物狂いで勉強し、やっといい学校に入った。ところが、進学先には新たな競争と比較があって、それについていけなくなった……なんて話も聞きます。社会に出ても、そこで繰り広げられる激しい競争でつぶれてしまったり。

比較の世界には、終わりがないんだよね。

あこがれの人がいて、その人の優れた部分を真似するのはいいの。だけど、相手と自分を比べて、できない自分にダメ出しするのはよくない。

誰かとの比較からは、劣等感やいびつな優越感しか生まれず、人を不幸にしちゃうからね。

ただし、過去の自分とだったら比べてもいいんです。

以前の自分より悪くなっているのなら、そこは悔しがっていいの。でもね、少しでも成長していたら、そこは盛大に自分を褒めるところだよ。

で、人は常に成長し続けるものだから、実際のところ、過去の自分以下になることはない。いつだって自分を褒めるのが正解だと一人さんは思っているし、私はそうやって生きてきました。


人と自分の「差」に意識を向けなくなると、悩みの多くは消えます。すごく生きやすくなる。

じつは、それができるようになることを「悟る」と言うんだよね。

悟りって、人と自分の間にある「差」を「取る」から、「差取り＝悟り」なの。


では、どうすれば差が取れるのか。

それは、今日も生きていること、自由に体が動くこと、安心して暮らせる家があること、家族がいること、仕事があること……挙げればきりがないけど、そのぜんぶに「ありがたいなぁ」って思えばいいんです。

当たり前のことに目を向け、感謝する。

人と比べてしまう原因は、ないものばかり見ることにあります。

そうじゃなくて、あるものに目が向けば、本当の自分はすでにたくさんのもので満たされていることに気付ける。

もう、誰かと比べなくていいんだ。

# 第2章のおさらい

意思の力で波動を変えるんだよ
天国言葉のプロになろうね
感謝には「神の波動」が宿っている
「感謝してます」の挨拶をしよう
いいと思ったことはひとりでもやり抜く
感謝のない人がいたら離れるんだよ
自分の心を無条件に肯定してあげな
笑顔とツヤでスポットライトが当たるよ
地球はめいっぱい行動する場所
災難の先には幸運がくっついている
本当のあなたはすでに豊かだよ

# 第3章

# 「人間関係」で幸せはもっと彩られるんだ

## ～人とのかかわり方を整える～

## 自分が幸せでないと人を助けられないよ

山で遭難した人がいると、救助隊は必ず、救助に必要な道具を持っていきます。それらは遭難者を助けるのにも役立つけど、救助隊が自分の命を守るためにも必要なんだよね。

助けに入った救助隊までケガをするようなことがあれば、それこそ救助どころじゃなくなります。

人を助けようと思ったら、まず自分の安全を確保しなきゃいけないんだよね。

この、「まず自分の安全を確保する」ことを心の話に置き換えると、自分が幸せであることの大切さがよくわかると思います。

人間ってね、楽しいことよりも、不安や恐怖に反応しやすいんです。

なぜかと言うと、人の脳は、命を守ることを最優先にしなければならないからね。

身の危険が迫ったときは、瞬時に逃げる、反撃するといった行動に移せないと、命にかかわるでしょ？

そのスイッチが、不安や恐怖なんです。この感覚は、人間の機能のなかでもっとも重要な防衛本能なの。

だから、人は意識的に「明るくいよう」としなければ、不安や恐怖のほうに強く反応するし、そちらに染められやすい。

悩んでいる人からは、暗い波動、重い波動が出ています。

そんな相手を、「満たされた自分」という、自分の身を守る道具も持たずに助けようとするのは、山岳救助隊が手ぶらで山に入るのと同じなの。とんでもなく危険で、あっというまに闇に引っ張られてしまいます。

同情、傷のなめ合い、愚痴や文句で盛り上がる……そうなれば、お互いに波動を下げ合うことになり、一緒に落ちていくだけです。

その反対に、明るい波動をガンガン出しまくってる一人さんみたいなタイプは、どんな闇がこようがびくともしない。

光は闇よりはるかに強いから、暗い相手に負けることがないんです。

それどころか、こちらの強烈な光で相手の心まで明るく照らします。そうすると、悩んでる人の心が軽くなって、笑顔が出てくる。波動もよくなる。

いい波動になれば、その人の問題は自然と解決しちゃうの。


明るい波動の人は、ただそこにいるだけで人の運勢を爆上げします。

あなたが幸せになれば、あなたの周りにいる問題を抱えた人も、みんなうまくいく。


これに勝る人助けはないんだ。

## 友達は多ければいいわけじゃない

日本では、「ともだちひゃくにんできるかな〜♪」という歌もあるように、たくさんの友達をつくるのがいいというムードがあります。

実際、大人が子どもに「友達できた？」「何人と仲よくなれた？」なんて聞くシーンもよく見かけるよね。

でもこれ、一人さん的にはあまり好きじゃなくて。

友達が少ないのはよくない、１００人目指してがんばらなきゃいけない、みたいな圧を感じるというか。


もちろん、友達が多い人を否定するわけではないよ。

友達がたくさん欲しい人は、１００人でも、１０００人でも、好きなだけ交流を深めたらいいよね。その人にとっては、友達が多いほうが幸せなわけだから、それで大正解です。


一人さんが言いたいのは、「友達いっぱいつくろうぜ」というのを、全員に押しつけるのはよくないよねってことなの。


子どもや大人に関係なく、人にはそれぞれ性格があります。

社交的なタイプ、本当にウマの合う相手とだけかかわりたいタイプ、ひとりでいるのが好きなタイプ、そしてこれらの要素を併せ持つタイプもいる。

なのに、一つの方向性だけをよしとするムードがあると、それを苦痛に感じる人がいるんだよね。

大勢とかかわることが苦手な人に、友達100人を強いるのは酷です。一人さんに言わせると、それはいじめと同じだよ。

ひとりの時間に幸せを感じる人は、友達が少なくていい。友達ゼロだとしても、なんら問題ない。自分が、自分の親友になればそれでいいんだ。


それとね、一人さんは常々、「目の前にいる〝いい人〟がいちばんの財産だよ」と言うんだけど(目の前の人が嫌なやつの場合は、そもそも付き合っちゃダメですよ)。

自分も、そして人も幸せになるような人間関係って、人数の問題じゃないんです。ゼロのときだってあります。

人の幸せは、数字で測れません。友達が多かろうが少なかろうが、幸せになる人はなる。不幸な人は、友達が増えても減っても不幸なの。

それを分けるのが、目の前にいる「いい人」をどれだけ大事にできるか、なんです。

大勢の友達がいても、少ない友達しかいなくても、いま自分のそばにいる「いい人」を大事にしなきゃいけない。

すぐそばにいる「いい人」のことも大事にできないようでは、他の誰に対しても愛を出せないし、幸せにはなれません。


そしてそれ以上に近いのは、自分自身です。

結局、どこからなにを論じても、自分自身がいちばん大切な存在だってことだよな。

あなたのいちばんの財産は自分自身であり、幸せのカギは、自分が握っている。

本質は、いつだって自分にあります。

そこがわかっていたら、大勢の友達がいようが、友達ゼロだろうが、絶対に幸せになれるよ。

## 強要は相手も自分もつぶしちゃうんだ

一人さんは子どもの頃、とんでもなく勉強嫌いでした。だから授業には少しも興味がなかったし、宿題もしたことがない。遅刻や欠席も当たり前でさ（笑）。

ただ、学校自体は好きだったの。友達と過ごす時間は楽しくて、それだけのために学校へ行くようなものでした。

ふつうはさ、ろくに学校へも来ない子は、あまり友達もいないよね。だけど一人さんは違いました。

学校には友達がいっぱいいたし、私が欠席した日も、放課後にはなぜか友達がうちに集まるんだよ（笑）。

なぜ、まともに学校へ行かなかった一人さんが、大勢の友達に囲まれていたのか。

それはね、人には「しない」権利があることを私は知っていて、それを堂々と行使していたからだと思います。

学校に行かないことで卑屈になるどころか、好きなように生きることで、生き生きしてたんだよね。

人は明るい光が好きだから、そんな一人さんの明るさが、みんなを惹《ひ》きつけたのかもしれない。そんなふうに思います。

とにかく私の学生時代は、ろくに学校へ行かない、勉強もしない毎日だったけど、誰よりも充実していた。

ふつうの人は、義務教育の小学校や中学校はとりわけ、「行くべき場所」だと思い込んでいて、そこから外れた子を過剰に心配します。

だけど、子どもにだっていろんな気質がある。一人さんみたく、学校や勉強にまったく向かない子だっています。

そしてそういう子は、学校へ行くことで自分を見失ったり、壊れちゃったりする。

そうなる前に、「子どもにも、学校へ行かない権利がある」ということを教えてあげなきゃダメなんだよね。周りの大人が、「学校へ行くことがすべてじゃない」「人には向き不向きがある」ということを知らなきゃいけない。

人にはそれぞれ、好きなこと、苦手なことがあって、自分の「好き」や「得意」を伸ばすことで、自分らしく生きられるようになっています。

赤い花は、赤く咲くことしかできないし、赤い花をつけることがいちばん美しい。

なのに、全然違う青い花を咲かせろだなんて、言われるほうも苦しいけど、それを強要するほうだって、思い通りにならなくてつらいの。

誰もトクしないどころか、全員、ダメになっちゃうんです。


赤い花は、赤い花として堂々と生きなきゃいけない。

そしてそのなかで、ほかの誰よりも美しい赤色を目指そうとか、いちばん大きな花を咲かそうとか、赤い花としての自分を磨くのが正解なんだ。

## 悪い縁は断ち切ることが学び

人生には、さまざまな人との出会いがあります。そしてそのなかには、悪い縁もあります。

と言っても、それは人間が見たときに悪く見えるだけで、自分も相手も分け御霊《わみたま》という神様を持っているわけだから、本当は悪い縁ではないんだよね。

ただ、そこに大きな学びが隠されている場合は、難しい試練として現れるから、表面的には、とんでもないやつに出くわしたように思う。


じゃあ、悪縁の場合はどんな学びがあるのかって言うとね。

たぶんこれがいちばん多い学びだと思うのですが、

「覚悟を決めて、嫌な相手と縁を切る」

ことなんです。


嫌なやつが出てきたときは、いつまでもそばにいないで、早く離れなきゃいけないの。絶対に、相手の言いなりになってはいけない、かかわってはいけない。

その覚悟を決めることが学びです。

そういう意味では、我慢ばかりしている人には悪縁が出てきやすいと言えます。

魂が苦しくて悲鳴を上げているから、見かねた神様が、なんとかして我慢をやめられるように、我慢をやめざるを得ない状況を出してくれるの。


神様は、愛と光です。我が子であるあなたが泣いていると、なんとしてでも助けようとするんだよね。

ところが、神様には肉体がない。言葉で伝えることはできません。

それでも、なんとかしてあなたに「その生き方は間違ってるよ」「そっちに行っちゃダメだ」と伝えるために、嫌なことを出してくれるの。

なかなか神様のサインに気付けない人でも、とんでもなく嫌なことが起きたら、びっくりして立ち止まるでしょ？

そう思うと、嫌な人って神様の愛なんです。


だから、もしあなたの前に嫌な人が出てきたときは、とにかく距離を置くことを覚えておいてください。

なにか誘われても、「ちょっと予定があってごめんなさい」と言えばいいし、それを繰り返すうちに相手に嫌われても、不安になることはない。

嫌な相手に好かれちゃったら、逆に大変なんです。しつこく追い回されて、余計にしんどくなるだけだからね。

変な相手には、むしろ嫌われて無視されるぐらいがちょうどいいんです（笑）。

暴力（言葉の暴力も含め）を振るう旦那がいるんだとしたら、逃げてでも離れなきゃいけない。相手が離婚に応じないとか言ってる場合じゃないの。

こういうのはね、「旦那にもいいところがある」「やさしいときもある」なんて情けをかけちゃうと、ますますエスカレートして手が付けられなくなるんです。

悪縁をなかなか断ち切らずにいると、いまの問題から逃れられても、また同じような人が出てきて、あなたのエネルギーを奪おうとします。同じことの繰り返しなの。

でもね、覚悟を決めて断ち切れば、たちまち明るい未来の幕が開く。

自分の道を、楽しく生きられるよ。

## 自分だけはしない。そう思えたらじゅうぶんだ

外に出ると、いろんな人がいます。

喫煙が禁止されている場所でタバコを吸ったり、ゴミをポイ捨てしたり、車や自転車で迷惑運転をしたり。そういうのを見ると、やっぱり不快になるよね。

みんながルールやマナーを守れば、お互いに気持ちよくいられるし、世の中の秩序も保たれる。

そう思ってルールやマナーを大切にしている人にしてみれば、自分勝手な行為をすることが信じられないと思います。見ていて、腹が立つかもしれません。

でもね、これだけ大勢の人が同じ世界に住んでいるわけだから、決まりを守れない人がいたり、人の迷惑に気付けなかったりする人がいるのも仕方がない。

そして残念ながら、どんなに相手が悪くても、その人の考え方、生き方を変えることはできません。

いつ、どのような状況であっても、変えられるのは自分だけです。

迷惑行為をする人もね、本人が「これじゃいけない」と気付き、自分で自分を変えようとしなければどうにもならないんだ。

自分では変えられないことにイライラしていると、外に出るたびに疲れます。機嫌が悪くなれば、その波動で自分の運勢まで悪くします。

不快になるだけでも損をした気分なのに、嫌なやつのせいで運気まで下げられるなんて、とんでもない話でしょ？　だから、あまり意識を持ってかれないようにしなきゃいけないの。

本当に悪いやつなら、警察に任せたらいい。そして、犯罪とまでは言えないルール違反の場合は、「自分だけは絶対にあんなことしないぞ」と思えばじゅうぶんなんです。

正義感の強い人は、ルールを守らない相手に物申したくなるかもしれません。ひと言、注意するのがみんなのためだろうって。

場面によってはそれも正解だけど、注意されたことに逆ギレして、相手が暴言や暴力で返してくる可能性もあります。最悪の場合、命を取られることだってある。

注意が正しいことでも、その正しいことをした結果、自分の命を落としたら元も子もないよね。

こういうケースが予測される場合は、正しさよりも、安全な道を選んだほうがいい。

そして、「自分だけはしない」という学びを得たらいいんだ。

もちろん、無理のない範囲で、自分のできることをするのは素晴らしい。

誰かがポイ捨てしたら、相手にわからないよう、さりげなくそれを拾ってゴミ箱に捨てるとかさ。

これなら自分が危害を加えられることもないし、なにより、いいことをした自分が気持ちいいじゃない。

で、そんなときはいつも以上に自分を褒めてさ。

これでまた一つ、素敵なあなたのステージも上がりますよ。

## 人って合わせ鏡みたいなものなんです

人間関係の話になると、特に若い人からよく聞かれるのが、「好きな人がいるのですが、どんなふうにアプローチすればうまくいきますか？」といった質問です。

これね、「こうすればバッチリだよ」っていう答えがあればぜんぶ教えてあげるんだけど、ごめんなさい。一人さんにも全然わからない（笑）。

人には、それぞれ好みがあります。心に響く言葉も、行動も、ひとりひとり違うんだよね。

人は個性の塊だから、ある人には効果的な方法でも、相手が変わればまったく通じないことも当たり前にあります。

だから、世の中には実らない恋に悩む人が大勢いるんだよね。


ただ、言えることが一つだけあって。

人とのかかわりは、親子だろうが、友達、恋人といったどんな関係性であっても、基本は同じなの。

相手に愛されたかったら、先に自分を愛することなんです。人に好かれよう、気に入られようとがんばるよりも、自分を可愛《かわい》がることに専念したほうがいい。

自分を愛することができたら、愛はどういう感覚のもので、その愛をどう表現するのが心地よいのか、うれしいのか、そういうことがよくわかるんだよね。

愛って、理屈じゃない。自分で体感してこそ理解できる感情です。

自分を愛し、愛がどういうものかわかると、自然にその愛が周りにも向けられます。人が喜ぶ、心地よい表現、さりげない形で愛が出せるんだよ。

そうやってみんなに愛を出していると、愛を受け取った人はうれしいよね。あなたのやさしさで、「この人は安心できる人だな」「居心地のいい人だな」って思われます。

きっと、あなたを恋人にしたいと思う人だってたくさん出てくると思うよ。

そのなかには、あなたの好みの人だっているんじゃないかな。

人間関係は、合わせ鏡みたいなものです。

自分を愛して大切にしている人は、周りからも愛される。

その反対に、自分をいじめている人は、やっぱり人からも大事にしてもらえないんだよね。自分で自分にやさしくできない人は、周りに「この人は粗末に扱ってもいいんだな」と思わせてしまう。だから大切にされないんだよ。

人に愛されたければ、自分がまず、理想的な愛を出さなきゃいけません。そしてその愛は、自分を可愛がることで生まれる。

いちばんやらなきゃいけないのは、自分を愛すること。

遠回りのように見えるかもしれないけど、じつはこれが最速で結果につながる方法だし、なにより、これ以外の道はないんだ。

## 恋をすること自体が特別なギフト

恋をするって、それだけで素晴らしい。好きな人がいるだけで世界は明るく見えるし、ウキウキ、ワクワクするよね。

生きてるっていいな、人生って楽しいな。そんな気持ちになれるって、なかなかないんです。人生がパッと明るくなる、貴重な体験なの。

恋は、それ自体がすでに、とてつもないギフトだよね。

恋に落ちただけで心は満たされ、すでに楽しい。たとえ思いが届かなくても、そんな気持ちにさせてくれた相手には感謝です。

相手も自分を好きになってくれたらそれはそれでめちゃハッピーだけど、成就してもしなくても幸せなのが恋。

だから、恋というのは、その結果にこだわりすぎなくてもいいんじゃないかな。

というか、一人さんの周りで「この人は、いつもいい恋してるなぁ」って人のなかに、相手に執着してる人は見たことがありません。

つまり、結果よりも感謝の心で恋を楽しんでいると、むしろ相手からの反応がいいってことなの。

そりゃそうだと思うよ。誰だって、執着されたら嫌なものでしょ？

初対面で「ちょっといいな」と思った相手でも、中身がしつこい人だとわかった途端、幻滅しちゃう（笑）。

その反対に、好意を寄せてくれた相手が、自分の自由を絶対に奪わず、さりげない親切や感謝を示してくれたら、はじめはまったく眼中になくても、いつのまにか恋に落ちるってこともある。

さらっと軽い気持ちで好きになってもらえたほうがうれしいよね。

もちろん、いくら軽やかに恋をしても、振り向いてもらえないことだってある。相手にだって好みはあるし、選ぶ権利もあるからね。

そういうときは、ほかにご縁のある相手がいるからうまくいかないんだと思えばいい。次に出会う人が自分にとって最高の相手だから、いまときめいてる相手とうまくいかないだけなんだよ。

そうやってどんな恋でも楽しんでいたら、その姿を見た誰かが、あなたに恋をしてくれるかもしれないしさ。

恋をして、そのこと自体に感謝できる人は、すごく魅力的だからね。

フラれたっていい。そのときは、「私の魅力がわからないんだな」って、すぐ次の人にいけるぐらいの軽さだよ。

世の中には、人がごまんといるの。日本だけでも、何百万人、何千万人と恋人候補がいるわけだからね（笑）。

ひとりにフラれたぐらいで落ち込んでる暇はない。

# いい関係とは「自由にできる」こと

最近では、自由なパートナー関係の人も増えてきたと思うけど、それでもまだまだ、「旦那の頭が固い」「奥さんが口うるさい」っていうケース、あるんじゃないかな。

遊びに行くと言うと、配偶者がいい顔をしない。

出かけても、いちいち「何時に帰るの?」と急《せ》かされて落ち着かない。

気に入ったものを買って帰れば、「また無駄遣い?」「派手すぎる、年相応の恰好《かっこう》をしろ」なんて嫌味を言われてさ。

もちろん、器の小さい相手にいちばん問題があるんだけど、こういう圧力を受けている人を見ていると、やられっぱなしなんです。

ぶつぶつ言いながらも、結局、相手の言うことを聞いちゃってるんだよね。そこがいけないの。

四の五の言われても、言いなりになっちゃいけない。ガツンと言い返すか、それができないときは、心のなかで「ふざけるな」「次はゆるさないぞ」と反撃することで、自分の波動を強くするんだよね。

黙って言うことを聞いちゃうと、我慢の波動になっちゃうから、ますます我慢を強いられる現実が出てきます。相手がつけ上がって、エスカレートするんだよ。


行きたいところに行ったり、好きなことを楽しんだりする自由は、それぞれが持つ権利です。配偶者だろうが、親だろうが、とやかく言われる筋合いはない。

大切なパートナーや家族に好きなこともさせないで我慢させるなんて、こんなに愛のない話はありません。

お互いに自由を認め合うのが本当だし、相手が家族やパートナーといった大切な存在であればなおのこと、自由をゆるすのが愛です。

ともに生きる相手だからって、相手の自由を奪っていいことにはならないよ。

奴隷みたく束縛して、相手を自分の思い通りにしようとするなんて、一人さんに言わせると、パートナーの資格もない。思いやりがなさすぎです。

一人さんは、昔からたくさんの仲間に囲まれているんだけど、私にとって、仲間はなによりも大切な存在です。

だからこそ、なにかを制限することはいっさいしません。

ショッピングを楽しんできたら、「いいのを買ったね」「似合ってるよ」。出かけるときは「ゆっくりしてきな」「楽しんでおいで」って言うのが当たり前なんです。

絶対に、私に遠慮して我慢するようなことがあってはならない。そう思っているの。

だってさ、斎藤一人という人間と一緒にいると「あれもできない」「これも諦めなきゃ」なんてことになれば、私と出会わないほうが幸せってことになるじゃない。

そんなの嫌だし、「一人さんと出会ってよかった。あれもできる、これもさせてくれる」って言われたい。私とかかわる人には、うんと幸せになってもらいたいんだ。

人には、好みがある。好きな食べ物も、行きたいところも違って当たり前です。

たまたま同じものが好きなら、一緒に楽しめばいいけど、好みが全然違ったときは、それぞれに楽しめばいいよね。

で、それをさせてくれない相手とは、一人さんだったら付き合いません。何年連れ添った配偶者だろうが、わかり合えない相手とは「さようなら、お元気で〜」だね(笑)。

人の自由を奪うのは、神の道に反する生き方です。

それをやめるまで、神様から「それはやめな」というお知らせが届き続けるの。つまり、その人の人生は試練の連続になってしまう。

その点、こちらから離れてあげたら、相手はもう自由を奪えなくなる。

もしかしたら、相手はそこで「自由を奪うと、人に逃げられる」ことを学び、改心するかもしれないよね。

と思うと、横暴な相手とさよならするのは自分のためだけでなく、相手のためでもあるんだ。

# 遠慮はいらないけど気遣いは必要だね

一人さんは、誰かと食事をするときに、必ずかける言葉があるんです。

「遠慮しないで好きなものを頼みな」

「お腹《なか》いっぱいだったら残しな」

そうすると、相手はホッとするの。安心して好きなものを頼めるし、自分のペースで食事を楽しめます。

人はたいてい、苦手なものが一つや二つはある。なんでもよく食べる人だって、お腹がいっぱいになったら、それ以上食べるのは苦痛だよな。

なのに、一人さんに遠慮して好きなものを頼めなかったり、お腹がいっぱいで苦しいのに無理に食べたりすると、食事の時間が楽しくないでしょ?

私はね、相手が誰であっても、楽しい時間を過ごしてもらいたいんだよ。もちろん、私だって楽しくありたい。

だから、お互いに遠慮しないでいこうよって。そういうことなんです。

ただ、そのなかでもちょっとした気遣いは意識してるの。

それはなにかって言うと、「あれは嫌い」「これは好きじゃない」とは言わないようにすることです。

幸い、私は好き嫌いがないからなんでもおいしく食べるほうだけど、もし、出てきた食事のなかに食べられないものがあったら、誰にも言わないでこっそり残します。で、周りにそれを指摘されたときは、「あとで食べようと思ってたら、ちょっとお腹がいっぱいになってさ」みたいな言い方でうまくかわすの。


自分は嫌いな食べ物でも、その場にいるほかの人は、それが大好物ってこともあるじゃない。なのに、ほかの人から「これ嫌いなんだよ」なんて聞かされたら、きっといい気はしないよ。

食事って、その場にいる人の「おいしいね」「盛り付けもきれいだね」みたいな共感があることで、さらにおいしく、楽しい時間になります。

だから、どんな料理が出てきても、私はいっさい否定的な発言をしません。

これは食事に限った話じゃなく、相手が人であっても、物であっても同じだと思います。

うっかり「あの人のこと好きじゃない」「これ嫌い」なんて口を滑らせちゃうと、聞いた人を不快にさせる可能性がある。しかも、そういう発言って、どことなく相手に同意を求めるようなムードになっちゃうじゃない。

誰だって悪口は嫌なものだし、同意なんてしたくない。それを強要するような雰囲気をつくっちゃダメなんです。それやってると、人に嫌われるんだよね。

そもそも、悪口は地獄言葉です。

些細《ささい》な発言でも、地獄言葉には地獄波動が宿る。言えば損をすることばかりなんだから、気をつけなきゃいけないんだ。

## 魅力には地球のような引力がある

人の魅力ってなにかと言うと、愛があることなんです。

たとえば、あなたがある人を見て、「品がいいなぁ」と思ったとする。でね、見た目や所作には優雅なものを感じたんだけど、実際にかかわってみたら、笑顔がない、言葉にトゲがある、すぐ暗いことを言う……みたいな部分が目についた。

それでもやっぱり、その人に品があると感じるだろうか？

おそらく、ほとんどの人はガッカリして、「本当の姿には品がなかった」と思うんじゃないかな。

人が品のよさを褒めるのは、その人に魅力を感じるからです。ところが、そこに愛が欠けているとわかった瞬間に、品のよさも消えてしまう。

つまり、愛と魅力は同じだと思っていい。

みんな賢いから、いくら見た目がよくても、能力が高くても、その奥に愛がなかったらすぐに見破られちゃうんです。

それとね、魅力には、地球で言うところの「引力」がある。

地球はすごく大きいけど、もとからこんなに大きかったわけじゃないの。宇宙に漂う、チリのような微細な物質のなかに引力を持つものがあり、それがくっついたのが地球のはじまりです。

最初は、小さな引力を持つチリの塊だったのが、そこにどんどん別の物質がくっついて、とうとう地球という大きな星になったんだって。

魅力もそれと同じで、引力があるから人が集まる。

しかも、波動の法則で言えば、魅力的な人には、やっぱり魅力のある人が寄ってきます。

だから、あなたを中心とする全体の魅力度も大きくなり、その引力で、さらに大勢の人から注目されるの。

そんな仲間たちで力を出し合い、成功し続けているのが、まさに一人さんが創業した「銀座まるかん」なんだ。

なかには、私は魅力がないので……なんて言う人もいると思うけど、魅力は誰にでもある。ないと思ってる人は、勘違いしているだけです。

持って生まれた魅力もあるし、それ以上に、あとから自分でつけられる魅力も大きいんだよね。
どんな人でも、自分の生き方次第で、魅力はいくらでも大きくできます。
愛を出し続けたら、誰でも、地球みたいな引力のある魅力をつけられるんだ。

# 第3章のおさらい

自分を幸せにすることが人助けになる

いちばんの財産は自分のそばにいる「いい人」

あなたには「しない」権利があるんです

嫌なやつって神様の愛だね

人のことで機嫌を悪くしても損をするだけだよ

相手に愛されたかったら、先に自分を愛する

結果よりも感謝の心で恋を楽しめばいい

大切な相手ほど自由をゆるしてあげな

どんな場面でも否定的な発言をしない

魅力とは愛。愛を出し続けようね

# 第4章

# 「お金」「仕事」がもたらす幸せってあるからね

## ～成功の道を整える～

# 豊かさと貧しさを分けるのは心です

聖書のなかに、こんな一節があります。

「持っている人は与えられて、いよいよ豊かになるが、持っていない人は、持っているものまでも取り上げられるであろう」

これを、そのままの意味で「お金持ちは、ますますお金に恵まれる。貧しい人は、もっと貧しくなる」と解釈する人もいるのですが、一人さんの考えはこうです。

心の豊かな人は、さらに豊かになる。
心が貧しいと、この先ますます貧しくなる。

この言葉の本質は「心」であって、お金や地位・名誉といった意味での豊かさではないと思います。
ただ、心が豊かな人は、その波動で人生全般が豊かになるものだから、結果的にはお金やなんかもついてくるんだけどね。

心が愛で満たされている人は、その人に必要なものは、仲間でもお金でもすべてもたらされる。愛が枯渇して心が貧しい人は、人もお金も潮が引くように逃げていく。

いつも一人さんがお伝えしていることが、聖書のなかにも書かれているんだ。

たとえば、いまあなたはお金に困っているとする。

だからって、誰かに「ちょうだい、ちょうだい」じゃどうしようもない。そういう波動だと、お金が「ない」ことが強調されるばかりで、ますますお金に困っちゃうの。

お金が必要なときほど、じつは、お金に執着しちゃいけないんだよ。

愛で心を満たし、自分が幸せ波動になることが大事なの。

お金に困っているときは、切羽詰まって焦るかもしれない。でも、だからこそ落ち着いて、お金の心配はちょっと脇に置くの。

そして、すでに自分が持っているものに目を向け、感謝してごらん。

「健康でありがたいなぁ」

「家族がいて幸せだなぁ」

「仕事があって助かるなぁ」

ないものばかり見ていると気付けないけど、自分はこんなに豊かだったんだとわかります。そのことで心が満たされるの。豊かな波動が出てくる。

ここを徹底したら、間違いなく天の助けがくるんです。お金の問題でもなんでも解決しますよ。

## お金は人間と同じ。意思も心もあるんだ

お金は神様がつくったものであり、神の愛です。

そして一人さんは、お金にも意思や心があると信じているんだよね。

神様は愛と光だから、お金だって、愛のある人、明るい人が好きだと思うし、そういう人のところには自然とお金が集まります。集まったお金が、「いい人がいるから、みんなもこっちにおいでよ」ってほかの仲間も呼んでくれて、ますます豊かになる。

もちろん、その逆も同じで、愛のない人、暗い人のところにお金は寄ってこないし、いまあるお金も逃げていく。だから貧しくなるんだよね。

人間だって、いい物、いい場所、いい人がいたら友達に教えたくなるし、いまだったら、SNS（インターネット上でユーザー同士が情報をやり取りできるサービス）やなんかでも発信するじゃない。それを見た大勢の人が、それを買ったり、その場所を訪れたり、その人に会いに行ったりするよな。

お金もそれと同じで、いい人のところにはたくさんの仲間が集まるの。

だから私は、お金のことも人と同じように大切にするんです。

食事や買い物でお金を支払うときは、大好きな仲間としばらく離れるときのような感覚で送り出す。そして、「おいしいものを食べさせてくれてありがとう」「楽しませてくれてうれしいよ」って感謝するの。

税金でもね、お金に執着して手放さないのではなく、「このお金で世の中が便利になる」「みんなに喜んでもらえる」と思って、気前よく払うんです。

自分で言っちゃうけど、私は、税理士さんに「こんなに喜んで税金を払う人は見たことがない」と驚かれるぐらいなんです（笑）。

その結果、一人さんのもとにはどんどんお金が集まるようになり、とうとう納税額日本一にまでなっちゃったの。

感謝で気前よく見送ったお金が、仲間を大勢連れて戻ってきてくれた。

それは間違いなく、私がお金を大事にしてきたからだと思います。

私がお金に愛を出しているから、お金のほうも、一人さんに愛を返してくれるんだね。もし、ちょっとお金が入ってきたからって私がお金を粗末に扱ったり、税金をごまかしたりしていたら、納税額日本一になどなれなかっただろう。

本当に、お金に人間のような意思や心があるんですかと問われたら、それはわかりません。私はそう信じているけど、もしかしたら、そんなものはないかもしれない。

でも、これだけは言える。

お金に意思や心があるかどうかは、誰にもわからない。

こういう話は証明のしようがないから、「証明できない＝信じられない」となりがちだけど、一人さんの場合、「100％否定できないことは、本当は存在するかもしれない」と考えるの。

たとえば、ある人がお金を持って威張ってるんです。お金に意思なんかあるわけないと言いながら、お金を捨てるみたいに無駄遣いするんだよね。

本当にお金に意思や心がなければ、それでもいいのかもしれない。一人さんはどっちにしてもそういうのは好きじゃないけど、それでいいと思う人がいても、考え方は本人の自由だからね。

ただ、お金にも意思や心があった場合、それだと困ったことになる。

威張ってる嫌なやつとか、自分（お金）を大事にしてくれない人のところなんかにいたいと思うわけがないからね。

だから私は、お金にも意思や心があるという前提で生きているし、そのおかげで、これほどお金に好いてもらってるのだと思います。

# 収入より小さく生活すればいい

人の悩みというのは、自分自身の問題とか、人間関係といった大きな分類で見ると、ほんのいくつかなんだよね。

で、その一つにお金もあると思うんだけど、お金のこととなると、みんな急に難しく考えちゃうの。

まず、その深刻さがよくない。深刻さは波動を重くするから、なかなか問題解決できないの。だから、また悩んで波動が重くなる……という繰り返しになっちゃうんだよね。

お金の問題って、じつはすごくシンプルなの。決して難しい話じゃない。

たとえば、ひと月に30万円の収入があるとする。だとしたら、その1割にあたる3万円を貯金して、残りの27万円で生活することを考えたらいいの。

不測の事態、先々お金が必要になったときのために、収入の1割は蓄えに回したほうがいいけど、1割が難しければ、できる範囲でいい。

とにかく「貯《た》める」「取っておく」という意識を持つことが大事なんです。わかるかい？

いつもお金がない、苦しいと感じている人は、贅沢《ぜいたく》をしすぎていないか、ちょっと考えてみたらいいよね。無駄なことにお金を使っていないか、そのお金を使うことで後々困らないか、そこをよく確認してごらん。

もちろん、お金が足りないときに、副業や転職を考えるのもアリです。

もう少し働けそうだな、やれそうだなって人は、副業や転職で収入を増やすほうに進めばいい。いまより働けば、確実に入ってくるお金は増えるわけだから。

こういうのをしないで使うことばかり考えてたら、やっぱり生活は苦しくなっちゃうよな。

経済は、収入より少ない金額で生活すればちゃんと回ります。

収入のうち、いくらか貯めるようにすれば、間違いなくお金は貯まるようになっているんだよね。

その反対に、収入以上の贅沢をすればお金が減るのは当たり前です。

これは、足し算、引き算の問題なの。簡単な話なんです。

収入に見合った暮らし方をすることは、経済面の不安を解消する意味でもメリットは大きいけど、それだけじゃないの。

収支バランスが取れていると、財布のほかに、心にもゆとりが生まれるんだよ。

貯金があれば安心でしょ？　それに、決まった金額のなかでうまくやりくりできたら、「今月も大成功だったな」って達成感もある。

ゆとりのあるところには、ゆとりのある未来が出てくるわけだから、最初はちょっとしんどくても、必ずもっと余裕が持てるようになるんです。

決められた枠のなかで暮らしを立てるのは厳しく感じるかもしれないけど、こういうのも楽しめたら大成功なの。

節約と言うと、貧乏くさいとか、みじめになるとか言う人がいるけど、一人さんはそうは思いません。私だったら、どんなに厳しい節約生活になろうが、無駄を削るゲームだと思って楽しむね。

そしてそのなかで、「自分は、人生でどんなことを重視したいのか」みたいな自問自答も深めます。

節約という制限のある世界だからこそ、見えてくるものってあるはずだし、そこで得た学びは、その後の人生でも大いに役立つだろう。

## 人の問題は愛で見守るしかないよ

私たちは、この世界に魂を磨くために来ています。そして、だんだん魂レベルが上がってくると、それに応じた難度の高い修行が出てくるんです。

たとえば、家族や親しい友人といった近い相手のなかに、ギャンブル依存症で借金ばかりする人が出てくるとか。

これがどんな修行なのかって言うと、「自分の問題ではない」と知ることです。なかなかに難しい修行なんだよね。

問題を抱えているのが大切な相手であればあるほど、心配するのは当たり前です。なんとかして、その問題から救ってあげたいと思うのが人情だよね。

ただ、それは借金を肩代わりすればいいという話じゃない。

気の毒に思って借金を肩代わりすると、その後も繰り返しお金の無心をされた。そんな話、よく聞くじゃない。

もちろん、助けたことでいっさいギャンブルをやめられる人もいるだろうけど、そうじゃないケースも多いと思います。よかれと思って助けたのに、それでは意味がないよね。

借金をしている本人がなにも変わらなければ、さらなる問題が出てくる。一時しのぎの肩代わりでは、根本的な解決にならないんです。

借金は、つくった本人の問題であり、あなたの問題ではありません。あなたが責任を負うべきことじゃないの。

だから、どんなに大切な相手でも、一緒になって「どうしよう」「困った、困った」なんて悩んじゃダメなんです。

その人は、ギャンブルに依存するとどうなるか、借金するとどうなるか、それを学んでいるところだと思って、周りは見守らなきゃいけない。

必要以上に手を差し伸べてしまうと、本人は「大した問題じゃなかった」「また誰かが助けてくれるだろう」という、間違った認識をしちゃうの。それが、さらなる問題につながるんだよね。

じゃあ、お金ではない助け方はなにかって言うとね。

相手が学ぶ過程を愛で見守り、必要に応じてサポートしてあげたらいいと思います。

ギャンブル依存症は病気だから、たとえば専門家のカウンセリングを勧めるのも、その一つだと思います。

また、あなたがうんと楽しそうに働く姿を見せるのもいいね。

仕事をしてお金を稼ぐのは、ギャンブルなんかよりずっと面白い。そのことを、あなた自身の背中で見せてあげるんだよ。

そしてなにより効果があるのは、あなたが明るい波動を出しまくることです。

明るい波動があれば、相手はきっと自分から楽しいほうを選ぼうとする。あとは、自分で人生を開いていくはずだよ。

## 貧乏考えは貧乏神の大好物だからね

豊かになりたい人は、いかにも豊かそうな生き方をすればいいんです。

豊かそうな生き方をすれば、豊かな波動になって、その波動で豊かな現実がつくられるの。

どんな形で豊かさがもたらされるのかは、神様が決めることだから、私たちはそれを気にする必要はありません。考えてもほとんどその通りにはならないし、神様のすることは、人間の想像をはるかに超えたところからやってくるからね。

一人さんの経験からしても、「そうきたか！」って思うことばかりなんです（笑）。

だから、人間はただ、豊かそうに生きることだけを意識すればいいんだよ。

じゃあ、豊かそうな生き方ってなんですか？

繰り返しになるけど、それは上気元です。

愛を出す。明るい笑顔を欠かさない。

こういう人は神様に可愛《かわい》がられて、明るい未来が約束されます。

明るい世界なんだから、お金が足りないってことはないし、人間関係も仕事も、ぜんぶうまくいく。

上気元は、豊かさを引き寄せる魔法なんだよ。


その反対に、人生を貧しくさせるのが「貧乏考え」です。

貧乏考えというのは、地獄言葉が多いとか、経済的なゆとりがないからって自分を貧乏人扱いしたり、逆に「人生、カネじゃないし」なんて強がりを言ったりすることを指します。

こういう貧乏考えは、貧乏神の大好物だから、貧乏神にとり憑《つ》かれちゃうんです。

グチグチ言ってばかりだと、本当に貧しくなる。気をつけなきゃいけないの。

それと、ケチくさい考え方なんかも貧乏考えに入ります。

たとえば、奥さんが洋服を一枚買っただけで、「カネがもったいない」とか言う旦那。奥さんが無駄遣いばかりで家計が火の車なんだったら、そりゃ注意も必要だろうけど、家計のゆるす範囲でたまの贅沢をしたぐらいでケチつけるなんて、そっちのほうがおかしいよな。

奥さんがショッピングを楽しんできたら、「来年はもっといいのが買えるぐらいがんばるからな」とかって、カッコいいこと言ってみなよって。

カッコばかりつけてもしょうがない？

じゃあ、カッコよくもないのに、カッコすらつけないあなたはどうなんですかって話だよ（笑）。言っちゃ悪いけどさ。

人はね、カッコつけることも大事なんです。

カッコつけてるうちに、だんだん自覚が出てきて本当にカッコよくなるし、器だって大きくなる。豊かな波動になってくる。

だから、ちゃんとカッコつけられる人は、いまは余裕がなくても心配ありません。

こういう人には、豊かな現実が出てきますよ。

# 「三褒め」ができたら超一流の褒め上手

自分や人を褒められる人は、神様に可愛がられます。これに加えて、さらに神様を喜ばせる方法が二つあるんです。

それは、自分が生まれ育った場所、旅行や仕事で訪れた縁《ゆかり》の地……こうした、場所を褒める「国褒め」がまず一つ。

二つ目は、自分の持ち物や、暮らしを便利にしてくれる道具や機械といった、身の回りの物を褒める「物褒め」です。

自分や人を褒めることを「命褒め」と言いますが、そのほかに、「国褒め」「物褒め」の二つが加わると、超一流の褒め上手になるんです。褒めのプロだね。

自分や人を褒めること、そしてそれを習慣化することはみんなすごくがんばるんだけど、国や物に対しても人間と同じだけ褒められる人って少ない。盲点なの。

海外旅行から帰ってきたときやなんかは、久しぶりに日本の暮らしやすさに触れ、「やっぱり日本はいい国だなぁ」なんて言っていても、次の日にはもう感動が薄れて褒めなくなる。

ちょっと景気が低迷したり、災害があったりすると、すぐに国の悪口を言う。生活必需品にしても、それが目の前にあることを当たり前に思い褒めない。それどころか、不具合が出た途端、ボロだの使えないだの文句ばかり……。

こういうの、思い当たる人もいるんじゃないかな？

先にもお伝えしたけど、一人さんは、お金には意思や心があると思っています。それと同じように、国（場所）や物にだって意思や心はあると信じているの。

国や物も、人の役に立っていて、すべての命を支えてくれています。

なのに、ほとんど褒められることもなく、当たり前に扱われるんだよ。しかも、ちょっと問題が起きただけで山ほど批判を浴びてさ。

国や物に感情があるとしたら、そんな人間を豊かにしてあげたい、支えようと思うだろうか？　やっぱり、自分を褒めてくれる人から幸せにしてあげたいよね。

スポーツ選手でもさ、一流の人ほど道具を大事にするって言うじゃない。

あれはきっと、自分を支えてくれる道具に感謝しているから、物のほうも、選手を盛り立ててくれるのだと思います。

いいパフォーマンスというのは、実力があるだけでは難しい。

そこには、必ず目に見えない力が働いている。

超一流の選手について、「野球の神様に愛されている」「サッカーの神様が降りてきた」みたいな表現をすることがあるけど、まさにそういうことだと思います。

本人の実力だけでは説明がつかない、神がかった結果ってあるし、それが何度も出てくるのは、やっぱり神様に応援されているからに違いないんだ。

この世界に存在するものはすべて、神様がゼロから創造してくれたものです。

人も、国も、物も、神の波動が宿る「神の子」なんだよ。神様には、人間だけでなく、場所や物に対しても深い愛があるはずです。

それをぜんぶ褒めてくれる人がいたら、そりゃあ神様だって感激するだろうし、喜びだって倍増すると思います。

実際、一人さんは昔から「命褒め」「国褒め」「物褒め」のすべてをやっているけど、そのおかげでとんでもなく幸せだし、なに一つ困らない世界に生きています。
論より証拠。
あなたも三褒めをしてごらん。
神様が大喜びして、ありえない未来をつくってくれるだろうね。

## 威張ると「本当の実力」を見せられちゃうよ

威張ることって、本当に愚かなの。なんのメリットもないどころか、損ばかりするんです。
ところが、人間は未熟だから、ちょっとうまくいくと調子に乗ってしまう。傲慢になることがある。謙虚さを見失っちゃうんだよね。
そうするとなにが起きるかって言うと、神様に「本当の実力」を見せられちゃうんです。
自分の実力でうまくいったように勘違いしているけど、そうじゃないことを自分の目で確かめなって。大事なことを教えてくれるの。

たとえば、会社に認められて出世したとするじゃない。そのときに謙虚さを忘れない人は、「みんなのおかげで出世した」と思うんだよね。感謝を忘れず、会社や仲間に貢献しようって考えになる。

どんなケースでも、自分の実力だけで出世することはありません。もちろん、自分の実力があることも間違いないけど、やっぱりそれだけじゃダメなの。

家族や同僚といった仲間の力もあるし、それ以外にも、神様とかご先祖様の応援もあっての出世なんです。

それを、あたかも自分の力だけで出世したようなふるまいをすると、神様が「その考えはおかしいよ」「本当のことを確認してごらん」って、実力だけの世界を見せてくれます。

つまり、それまで支えてくれていた人たちや、見えない力までもが一斉に手を引く。

このときに出てくる現実ほど恐《こわ》いものはありません。

上へ、上へと引っ張り上げてくれていたものがパッと手を離すと、当たり前だけど下に落ちます。

しかも、落っこちてゼロになるだけじゃない。

地球の引力と同じで、高いところから落ちると、それだけ受けるダメージも大きくなるんだよ。落下に勢いがついて、ゼロよりもっと下の、マイナスまで落ちてしまいます。

ドラマや映画なんかでも、成功者の悲惨な転落人生が描かれることがあるけど、あれはあながちウソじゃないんだ。

でもね、それもまた神様の愛。

転落させることは、人間に罰を与えているわけではありません。

威張るのはおかしいよ。勘違いしてるよ。感謝を忘れちゃダメだよ。いまここで学びなって、教えてくれているだけです。

このことに早く気付けば、それだけ落ちたときのダメージも小さいし、もっといいのは、最初から知っておくことだよね。

そうすれば、威張るという選択肢自体が人生から消えちゃうわけだから、高いところまで昇っても落ちる心配がない。

ただただ、上がっていくだけの人生になるんです。


でね、こういう一連の真実を見事に言い表している素晴らしい格言があって。

「実るほど頭《こうべ》を垂れる稲穂かな」

この言葉は、単なる処世術ではありません。

上へ行くほど謙虚になって、威張らない。

それが神の道であり、神的な生き方をするから、さらに上を目指せるという意味なんです。

そして、これができる人でないと、真の幸せは手に入れることができないんだ。

# どんな苦しい場面でも必ず抜け道があるよ

仕事を、「お金をもらうために我慢するもの」と受け止める人がいます。

収入を得るために働くのだから、そこに「好き」を求めてはいけない。仕事とは嫌なもので、我慢するから対価がもらえるのであり、そうやって成功したら、やっと「楽しい」も得られるのだと。

残念ながら、こういう考えでいる限り、成功できても幸せにはなれないと一人さんは思います。

仕事というのは、遊ぶように楽しんだほうがうまくいくものだから、さっきの考え方とは真逆なんです。

仕事には責任が伴うし、大変な場面も多い。

それを遊びと同じように楽しめるはずがないと思うかもしれないけど、私は、「仕事はラクですよ」と言っているわけではないの。

楽しいことと、ラクすることは違うんだよね。わかるかい？

仕事が大変なのは、当たり前なんです。それに人間なんだから、ときには「しんどいなぁ」なんて思うことだってあるよな。

だからこそ、その大変な仕事にどう向き合うか、神様はあなたを試している。

嫌な顔、ため息をつきながら仕事するのか、「この大変なことを、どう面白くしようか」って工夫するのか。

一人さんの場合は、いつでも後者なんです。どんな仕事も嫌々やったことはないし、やるからには、徹底的に楽しむ。

人間はね、知恵の生き物なんです。

知恵はいくらでも出てくるものだし、大変なことでも楽しもうとしている人には、神様だって応援してくれる。天のひらめきがもらえるんだよね。

なんでも、楽しもうと思えば楽しめるの。

それを、はじめから「仕事は楽しむものじゃない」と決めつけ、知恵を出そうともしない人には、やっぱり楽しい世界は出てこないよね。

神様は、この世界に必ず抜け道をつくってくれているの。

どんなに過酷な状況でも、絶対に打破できる場所があるから、自分が光ることであたりを明るく照らし、それを探したらいいんです。

それに、起きる出来事はどれも自分を成長させるための試練であり、それが出てきたということは、その人には乗り越えられるはずなの。

神様は、乗り越えられない問題は絶対に出しません。

このことを知っているから、一人さんは、どんなに大きな壁がそびえ立っていても、ひるまず全力で倒しに行く。それも、笑いながらね。


ゲームだって、めちゃくちゃに強い敵が出てきたら、一瞬ひるむかもしれないけど、みんなそれを楽しむでしょ？　やられても、やられても、何度でも挑むじゃない。

そのうちに、だんだん攻略の仕方が見えてきて、最後は勝てる。

仕事もそれと同じです。

一回や二回、うまくいかないのは当たり前なの。

それに、難しい問題が出てきたときは、あなたはとうとう、そんな問題にも挑戦できるレベルになった証《あかし》です。

自分がレベルアップしていることを喜んでいい。そんな場面でもあるんだ。

## 自信たっぷりの顔でいこうぜ

楽しく仕事をしようと思ったら、明るい笑顔が欠かせません。

たとえ職場の人がみんな暗い顔をしていても、自分だけは絶対に笑顔を崩さない。上気元でいる。この信念なの。

そして、天国言葉をたくさん使って、地獄言葉をなくす。

仕事への向き合い方は、これだけで天と地ほど違ってくるんだよね。

脳は、あなたが発する言葉や思いのほうに感覚を寄せようとします。

気持ちが明るくなればなるほど、脳は、同じ業務でも驚くほど楽しく感じさせてくれます。

いままでは波動が重かったことで、仕事の嫌な部分ばかりに意識が向いていたけど、明るい波動になれば、楽しい面、やりがいを感じる部分に目が行くようになる。

この差はすごいんです。

そのうちに、「仕事は楽しくて当たり前」という感覚が定着する。すると、脳は仕事がますます楽しくなるような工夫をし出すの。

お気に入りの服を着て会社に行けば、もっと仕事が楽しくなりそうだ。好きな俳優の写真をデスクに飾って楽しもう。とかって。

こうなればしめたものだよね。

それから、仕事を楽しむには「自信」も必要です。

なんだけど、誰でも最初から自信があるわけじゃない。

自信というのは、いろんなことを経験しながら、だんだんに大きくなります。一朝一夕にどうにかなるものではありません。

ただ、そのスピードを速める方法はあります。

「自信満々の顔」をすることなんだよね。

自信にも、波動はあります。

そしてそれは、「自己肯定感」「心のゆとり」とそっくりなんです。それなら、自分でそちらに誘導すればいい。

自己肯定感や心のゆとりを感じさせるのは、軽やかな笑顔です。

つまり、自信の有無は「笑顔」で変わるってことだよな。やっぱり、笑顔なの。

大事な場面では、緊張や不安でなかなか笑えないかもしれません。だからこそ、意識的に笑わなきゃいけない。

それだけでも自信があるような表情に見えるし、自信の波動も出てくる。やってるうちに、本当の自信につながります。

そしてもう一つ。なにごとも、完璧にやろうと思いすぎないことだよ。失敗してもいいんです。

人間は、未熟で当たり前なの。どんなにがんばっても、完璧にはできません。経験が浅ければ、それはなおのこと。

だから、自分にできることをやったら、その先は、「失敗したって大丈夫」という軽い思いで挑戦したらいいんだ。

というか、実際に失敗してみたらわかると思います。

一生懸命準備して、それでも失敗した人に、周りはすごくやさしいから。失敗したことで、かえって親しみを感じてもらえることだってあると思います。

心配ないよ。あなたならきっとうまくいくから、自信たっぷりの笑顔でいこうぜ！

## 神様が重視するのは「勝ち方」なんです

一生懸命がんばっているのに、なかなか豊かになれない、出世しない。

仕事においてこうした苦しさがある人は、もっと周りの役に立つことを考えてみたらいいと思います。

会社にトクさせる、上司や同僚にトクさせる、お客さんにトクさせる。

これを徹底的にやってみな。正社員でも、契約社員でも、アルバイトでも同じです。

人にトクさせることを、自分が損をするみたいで嫌だと言う人がいるみたいだけど、人にトクさせるって、じつは自分にとってもいちばんトクなんです。

人にトクさせたら、相手に喜ばれて必ずお返しがある。本人からのお返しがなかったとしても、巡り巡って、別のところからうれしいことがやってくるの。

なぜかと言うと、みんながトクする道は、神の道だからです。

神の道を行く人には、神の知恵がもらえるし、神的な奇跡もバンバン起きてきます。

社会では、どうしたって競争は避けられません。友達同士でも、学校でも、クラブ活動でも、仕事でも、国同士でも、競争があります。

競争がなければもめ事も生まれないと思うかもしれないけど、やっぱり、競争もこの世の仕組みとして必要なの。競争がなかったら、よりよいサービスだって生まれないし、競争は人間にさまざまな学びをもたらす修行でもあります。

ただ、競争があるということは、戦わなきゃいけないのも事実です。そしてその戦いでは、勝つこともあれば、負けることもある。

そのときに大事なのは、勝ち負けよりも、「どんな戦法で勝ちを取りにいくか」という過程なんだよね。

いくら戦いが必要でも、相手の足を引っ張ることで自分を優位に持っていくのは、卑怯《ひきょう》です。デマを流して相手の評判を落としたり、相手を否定して自分を持ち上げたり、そういうのは神様がいちばん嫌います。

だから、たとえそれで勝てたとしても、そんなやり方で手にした勝利はあっというまに失ってしまうだろうね。

それに対して、自分もトクしながら、かかわる人みんながトクするような知恵を出した人は神様に喜ばれます。

自分も人もトクするということは、商品が売れて、たくさん税金を払うことにもなる。そうすると、世間にもトクさせるわけだから、これは素晴らしい社会貢献なんだよ。

会社で言えば、次の四方向がトクをするように考える。

①自分（自社）
②仲間（社員や取引先）
③お客さん
④世間（国や社会）

これを、「四方《しほう》よし」と言うんだけど。

四方よしで勝負する人には、神様が断トツで勝たせてくれるんだよね。それも、一回や二回の話じゃない。ずっと勝ち続けるの。

もちろん、最初のうちは、不慣れで負けることもあるだろう。それでも、競争相手を恨まず、よきライバルと思えるかどうかなんです。

何度負けてもめげず、みんながトクする戦法を追求し続ける。失敗したら、改善に改善を繰り返す。

これができたら、必ず勝利の日は訪れます。そして、その勝利は長く続くんだ。

# 第4章のおさらい

心が豊かだから人生も豊かになる
お金を大事にすれば、お金もあなたを大事にしてくれるよ
収入に見合った暮らし方は心にもゆとりを生む
お金を出すより、明るい波動と愛で見守りな
上気元で豊かそうに生きるんだよ
「命褒め」「国褒め」「物褒め」で褒めのプロになりな
上へ行くほど謙虚になるのが神の道
楽しもうと思えばなんだって楽しめる
自信満々の顔をしてたら、本当に自信が出てくるよ
四方よしで勝負する人は成功し続けるんだ

# 第5章

# 幸せな人は「魂の世界」や「命」をこう考えます

## ～生死との向き合い方を整える～

# 幸せな人に共通することがある

うまくいっている人には、共通することがあるんです。

それは、自分の力だけで成功したと思っていないことです。

周りの協力はもちろんだけど、それ以上に、神様、守護霊（※1）、指導霊（※2）といった、目に見えない存在に守られていることを感じているんだよね。そしてそれらに深い感謝がある。


精神論や神様の世界に疎い人でも、幸せな人って、見えない世界をないがしろにしないものなんだよね。

こういう話は、いちいち口に出すと周りに怪しまれることがあるので、ふだんはあまり話題にしない人も多いけど、同じ波動を持った人同士で話すと、目に見えない存在を大切にしていることが、言葉の端々でよくわかるの。


たとえば、ちょっと寝坊していつもの電車に乗り遅れたとするじゃない。

そのときに、ふつうの人は「ツイてない」「遅刻したらどうしよう」って、気分を害したり、焦ったりしがちです。

でも、じつはそういうときって、身の危険から守られていることがある。

その電車に乗らないことで危険を回避できたとか、いつもより遅れることで、その後の流れがスムーズになってご縁に恵まれるとか。

その瞬間は、「乗り遅れた」という現実のほうに意識が強く引っ張られちゃうから、裏側で起きていることに気付けない人も多いけど、そこで機嫌を損ねるのか、「今日は遅れたほうがよかったのかな」「守られてありがたい」と思うのか。

幸せな人は、往々にして後者なんです。

そして、こういうところで人生には大きな差がつきます。

目に見えない存在にも、人間で言うところの「感情」に似たものがあります。

怒りや憎しみといった愛のない感覚は持たないので、そこは人間と少し違うところなんだけど、喜びやワクワク、幸福感のような、愛と光を象徴する感情は人間以上に持っているんです。

だから、人間の言動にもいろいろ感じるものがある。

ところが、目に見えない存在は、なかなか人間に信じてもらえません。多くの人は、目に見えないものは「存在しない」かのようにふるまうんだよね。

そのなかで、「いつも守ってくれてありがとう」と感謝を寄せてくれる人がいたら、あなただったらどう思うかい？　やっぱり、うれしいよな。目に見えない存在だって、それは同じなの。

目に見えない存在は、見返りを求めて私たちによくしてくれるわけじゃないから、愛に気付いてもらえなくてもガッカリすることはありません。

でもね、してあげたことにすぐ気付いてくれたり、感謝が返ってきたりすると、こんなにうれしいことはない。次もまた、助けてあげようって思うの。

だから、目に見えない存在に感謝できる人はいつもうまくいく。

ますます守られるし、ふつう以上に指導してもらえるわけだから、成功するのは当たり前なんだ。

（※1）災いから守ってくれる存在。たいていは、ご先祖様のなかの誰かがその役を担ってくれていると言われます。

（※2）学校の先生みたいな存在で、自分の道に進むための能力を身につけさせてくれます。学年が進むごとに先生が変わるように、能力が高くなるにつれ、よりレベルの高い技術を教えられる指導霊に変わるのが特徴です。

## 今世という旅を素敵に彩ってごらん

一人さんの趣味はドライブ旅行なんだけど、旅をしていると、いつも思うことがあるんです。

それはなにかと言うと、「人生とは、旅のようなものだなぁ」ということです。

たとえばさ、東京から青森に行くとするじゃない。青森という目的地は、人生の旅で言うところの「幸せ」なんだよね。

で、青森に行くんだとしたら、まず家から出発しなきゃいけないでしょ？

それと同じで、幸せになろうと思うんだったら、幸せの方向へ足を出さなきゃダメなの。家にいながら「まだ青森に着かないのか」なんて言う人、いないよな（笑）。

でもこれ、笑い話じゃないの。

その場から一歩も動かないまま、「私はいつまでたっても不幸だ」「どうして私だけ運が悪いの？」と言ってる人、実際に多いんだよね。

幸せになりたい人は、とにかく一歩、前に足を出さなきゃいけないの。

と言っても、無理をする必要はありません。大急ぎで行かなきゃ青森（幸せ）が消えちゃう、なんてことはないからね。

一歩ずつ、自分のペースで進んでいけばいい。

一歩が難しいときは、１㎝でも１㎜でもじゅうぶんです。わずかでも前に進めたら、それは大成功なの。

慌てる必要はないし、走らなくていいんだ。

ゆっくり進むことに、「これじゃいけない」と焦ってしまう人もいると思います。

でもね、車がゆっくり走ってるときって、車窓の景色をじっくり味わえるじゃない。野山の美しい花や緑もよく見えるし、野生の動物にだって出会えるかもしれない。

人生で言えば、人のやさしさが目に留まったり、いままでずっと見過ごしていたことに気付いて学びを得たり。

ゆっくり進むことにも、たくさんのメリットがあります。

スピードを上げて走るのも爽快で楽しいけど、のんびり旅をするのもまた、人生の醍醐味《だいごみ》。

第一、走ってばかりじゃ疲れちゃうよな。たまに走るぐらいならいいけど、それよりも、ゆっくりでいいから、確実に前に進むことのほうが大事なんです。

旅行ってさ、目的地だけが楽しいわけじゃないよね。道中の出会いや発見も面白いし、それも旅の大きな魅力でしょ？

人生の旅路も、幸せに向かう過程があるからこそ、より豊かさを増す。
緩急どちらも楽しみながら、今世という旅を素敵に彩ってごらん。
それが、幸せの道になっていくからね。

## 生死にまつわる三つの真実とは？

人が亡くなったときには、激しく心を揺さぶられると思います。それが大切な相手であれば、なおのことだよね。場合によっては、死が受け入れられないことで、心が壊れてしまう人もいます。

でもね、生死にまつわる三つの真実を知っていると、一時的なショックはあっても、闇に引きずり込まれることはありません。明るい未来を忘れないでいられます。三つの真実は、人が生きるうえで大きな救いになるので、いまからお伝えすることを、ぜひ覚えておいてください。

まず、一つ目です。

私たちの魂は、「生き通し」と言って、永遠に消滅しません。魂は、前世から今世、そして来世へと、途切れることなく息をし続けるよっていう意味なんだけど。魂は、肉体をもらってこの世に生まれますが、寿命がくると、その肉体から抜け出して故郷（あの世）に帰ります。そして次にまた地球に来るときは、新たに別の肉体をもらってこの世に誕生するんだよね。

　これを永遠に繰り返すのが魂です。

神様の分《わ》け御霊《みたま》をもらい、あなたという魂が生まれてからずっと、あなたは何度も何度も、この世とあの世を行き来しています。

　つまり、死んだら終わりじゃない。

大切な人が亡くなるのは悲しいけれど、魂は生き続ける。一時的にあの世に帰っただけだから、絶望しなくていいんだ。

　二つ目は、ソウルメイト（魂の仲間）についてです。

さっきの話にも通じますが、神様は、私たちに魂をくれるときに、あるグループに入れてくれてるの。

そのグループに何人ぐらいの魂が存在するのかはわからないけど、家族とか親しい友達、導いてくれる師、よくも悪くも学びをくれる相手はみんな、同じグループに所属していると思っていい。

同じグループの仲間とは深いかかわりがあり、ともに生き続けます。生死のタイミングに多少のずれはあっても、あの世で会い、この世でもさまざまな関係となって魂を高め合うわけです。

だから、あなたの大切な人が先に亡くなったとしても、あなたがそのときを迎えたら、またあの世で会える。

亡くなった人は、しばらく海外にでも出かけただけ。そのぐらいの感覚でいいんだ。

最後の三つ目は、亡くなった人はあなたの幸せを願っていることです。

魂には、もともと性別も国籍もありません。肉体を持つこの世では、子孫を残すためとか、学びのためにいろいろな違いがあるだけなの。

大切なパートナーを失ったときによくあるのが、亡くなった相手に申し訳なくて、新たな出会いに躊躇《ちゅうちょ》してしまうケースですが、あの世に帰ったパートナーの魂は、男でも女でもありません。

ただただ、大切なソウルメイトであるあなたの幸せを祈り、いまの肉体でしか体験できないことをめいっぱい楽しんで欲しいと願っているんだよ。

亡くなった人にしてみれば、あとに残された人が泣き暮らしたり、心を病んだりする姿のほうが、よっぽど悲しい。

そう思って、大切な人が亡くなった後も、自分らしく幸せにならなきゃいけないよ。それが、残された人の義務なんだ。

## 人の生き死にのなかで起きていること

呼吸という単語は、「呼気（吐く息）」「吸気（吸う息）」の文字で成り立ちます。そして文字通り、呼吸とは、「吐いて吸う」のが、あるべき順番なんだよね。

ヨガや瞑想《めいそう》なんかでも、たいてい「息を吐く」ことのほうを重視するんだけど、それは、息をうまく吐けないと、呼吸がスムーズにできないからだと言われます。

生きるためには、まず息を吐くことが大事なんだね。

と思うとね、赤ちゃんがこの世に誕生するときに、「オギャー」と声を上げながら元気よく息を吐くのも納得なの。あれは、息をしっかり吐き出すことで、その後、じゅうぶんに空気を吸えるようにしているんだって。

赤ちゃんにとって、人生最初の大仕事は、泣くこと。つまり、思い切り息を吐くことなんです。

いっぽう、人が亡くなるときには、「息を引き取る」という表現をするでしょ？ もう息をする必要がないから、最期は息を「引いて（吸って）」終わる。だから、息を引き取るという言葉が肉体の死を意味するんだよね。

息を吸って今世を終え、新たな肉体を得て生まれるときには、その息を吐き出して人生をスタートさせる。

呼吸という二文字からも、人の魂が生き通しであることが読み取れるわけです。

人の死は、人間の目には「これで終わり」「永遠にお別れ」「二度と会えない」という、絶望感や喪失感を伴う現実として映ります。

でもね、死の本当の意味は「あの世での誕生」であり、決してこれっきりではない。

魂の目で見ると、肉体の死はこうなるんです。

「いってらっしゃい、神様によろしくね！」

「またあの世で会おう♪」

「先に行って、来世はどんな人生にするか考えておいて〜」

どうだい？　人間の感覚とは、ずいぶん印象が異なるよね。

これが理解できている人は、大切な人を失った苦しみ、悲しみを、上手に乗り越えられるの。

とはいえ、私たちはさまざまな感情を持つ人間だからね。

大切な人の魂とは、あの世でまた会えるにしても、今世と同じ肉体を持って生まれることは二度とありません。慣れ親しんだ姿との別れはやっぱり寂しいし、つらいのは当たり前です。

だから、その感情を押し殺しちゃダメなんだよね。

悲しいときは、思い切り泣いたほうがいい。苦しくて誰にも会いたくなければ、しばらく家に閉じこもってもかまいません。

涙には浄化の作用があるから、泣いたぶん、心は軽くなる。我慢せず、涙が涸《か》れるまで泣けばいいよ。

ただ、さっきの話を知っていると、泣いた後に必ず立ち直れる。

見送った大切な人に恥じない生き方をしよう。また会うその日まで、自分らしく、胸を張って生きようって。そんな気持ちになれますよ。

# 嫌な相手ほど愛が深い魂のときもある

第1章でお伝えしたように、人生とは、神様が監督のドラマみたいなものです。

そのドラマにはさまざまな登場人物がいるわけだけど、じつは、それらは魂同士の話し合いで決まります。

今世を終えてあの世に戻った魂は、ソウルメイトが待つグループに合流します。そして、来世はどんなことで学びを深めたいか、それぞれに考えるんだよね。

前回は親子だったから、次は○○が学べる夫婦関係になりたい。来世は親友として、△△の気付きをもらいたい。

そんな希望を言い合うわけだけど、ソウルメイトが大勢いると、希望がバッティングしたり、誰も希望しない役が残ったりするんです。

これを、話し合いでうまく調整していくの。

でね、ドラマって、たいてい悪役がいるでしょ？　主人公が悪いやつに嫌がらせばかりされて苦しむんだけど、人に助けられて愛を知ったり、ふとしたことで気付きを得たりしながら、一つひとつ乗り越えていく。

そのたびに強くなり、成長する姿が感動的で、見る人を惹《ひ》きつけるじゃない。最後はハッピーエンドで、なんとも清々《すがすが》しい気持ちにもなる。

これと同じで、私たちの人生ドラマにも悪役って必要なんだよね。悪役がいなきゃ、魂を成長させることができない人もいるから。

ところが、悪役ってみんな嫌がるんです。魂は愛と光の塊だから、人を傷つけたり、悪事に手を染めたりしたくない。そりゃそうだよな、一人さんだってそんな役は嫌だもの（笑）。

それでも、人生をより豊かに、そして深みを持たせるためには悪役が欠かせない場合もある。

そんなときは、ソウルメイト同士でお願いし合うわけです。

「今世、どうしてもいじめられることで学びたいからお願い」

「私の人生には、パートナーのモラハラが必要なの」

で、あなたの必死のお願いに、「わかったよ」と言ってくれる魂もいてね。

もしかすると、嫌なやつは、あなたのために嫌な役を引き受けてくれた魂かもしれません。そしてその魂は、ソウルメイトのなかでも、特に愛が深いのかもしれない。でなきゃ、みんなが嫌がることを引き受けてくれるわけがないでしょ？

毒親、パワハラ上司なんかが出てくると、人間の目にはひどいやつに映ります。でも、肉体という着ぐるみがなくなると、その魂はとんでもなくレベルが高い場合もあるんだよね。

第一、その役を演じて欲しいと頼み込んだのは、ほかの誰でもない、あなた自身かもしれない。だとしたら、いつまでも悪役に振り回されてないで、早く学ばなきゃいけないいんだよね。

あなたが学ばない限り、その魂は悪役を演じ続けなきゃいけないから。

嫌なことを我慢せず、「やめて」とハッキリ伝える。

どうにもならない相手からは逃げる。

自分の幸せを最優先に考える。

そんな学びをあなたが得たら、もう悪役は存在する必要がないから、あなたの前からいなくなったり、急にいい人に変わったりします。

つまり、ソウルメイトも悪役から解放され、あとは自由に生きられる。

自分のためにも、そして協力してくれているソウルメイトのためにも、人はいまここで幸せにならなきゃいけないんだ。

# 神様と交わした二つの約束を守る

あの世でソウルメイトとの相談を終え、それぞれに大まかな人生設計が決まると、私たちは神様に「このシナリオでいいですか?」と報告します。そして、神様のゴーサインが出たら、晴れて地球に生まれる。

そのときに、私たちは神様と二つの約束をするんだよね。

「今世、思う存分楽しむこと」

「人に親切にすること」

シナリオには、幸せな場面、うれしい瞬間がたくさんあります。

その反面、悪役に引っかき回されたり、つらい現実に直面したりと、試練もある。

それらに惑わされず、学びを得て人生を楽しむことが、この世に生まれる者の義務なんだよね。

そして、酸いも甘いも味わいながら、周りの人に愛を出す。

これが神様との約束であり、約束を守りながら生きることで、私たちの魂は磨かれます。

神様との約束通りに生きることは、いわば「魂の研磨剤」みたいなものなんだ。

ただ、私たちは地球に生まれた瞬間、自分が持ってきたシナリオのことはすっかり忘れてしまいます。神様が、あえてそういうふうにしてくれているんだよね。

なぜかと言うと、未来になにが起きるかわからないからこそ、この世は刺激的で楽しい。なんの意外性もない予定調和の人生なんて、ワクワクしないでしょ？

それに、起きたことに真剣に向き合わなきゃ学びは深まりません。学びの内容を覚えていたら、真剣にはなれないからね。


人は、自分の人生にシナリオがあることも、そしてその内容も、この世に生まれた瞬間にわからなくなります。

それでも、神様との約束を守って生きられるかどうかです。

迷い、悩みながらも、なんとか約束を守ろうとすることが大事なのであり、それをできる人が幸せになるのだと思います。

# 自分の舞台を演じ切った人に盛大な拍手

それぞれがあの世から持ってきたシナリオには、今世での寿命や、その原因についても記されています。

わずかな時間しか生きられない短命の人、大長寿の人、長患いの末に亡くなる人、突然死する人……いろんなケースがあるけれど、寿命の長さと、その人の魂レベルにはいっさい関係ありません。

当たり前だけど、神様の意地悪で短命になるとか、長患いするとか、そんなこともない。神様は絶対に意地悪なんてしないよ。

先にお伝えしたように、人生の大筋を決めるのは自分です。

早く亡くなる人には、今世、そうしたい理由があるんだよね。短い寿命を受け入れるのは本当に難しい試練だと思いますが、本人の魂は、そこで学びたいことがあってその人生を選んだわけです。

そしてその人生に神様がＯＫしたということは、今世はそれでいいということなんだよね。

いつ人生を終えても、どんな亡くなり方でも、その人は、最後まで自分の舞台を演じ切ったの。学ぶべき修行をやり切ったということです。

その人の魂は、きっと大満足であの世に帰ったはずだよ。

そこを汲《く》み取って、見送る人が「立派にやり抜きましたね」「今世、素晴らしい人生でしたね」って言えたら、亡くなった人もすごくうれしいんじゃないかな。

舞台の千秋楽を終えた俳優に、盛大な拍手を送る。そんなふうに最期を飾ってあげられたら最高だなぁって、一人さんは思います。

そして、まだまだ人生に残りの時間がある私も、先に天国へ帰ったソウルメイトに負けないぐらい、楽しく生き抜こう。

自分という人間を演じ切って、あの世に帰ったときに、神様に堂々と「約束をしっかり守りましたよ」と言えるようにしよう。

そんなことを考えながら、今日も私は笑って生きています。

## 因果は恐いものじゃない。明るくて楽しいよ

私たちの人生は、自分のまいた種（思い）でできています。どんな花や実（現実）になるかは、まいた種によって変わる。

そしてそれは、今世に限った話ではありません。

過去世でまいた種が今世で実をつけ、それを収穫することもあります。今世のいい行いが、来世やその先で花開くこともあるんだよね。

このことを、「因果が巡る」と言います。

世間では「因果って恐《こわ》い」みたく言われることがあるけど、因果の本質を見誤って恐がるから、その波動で嫌なことが起きちゃうだけで、真実はその逆です。

本当の因果は、どこまでも明るくて、楽しいものなんだよね。

だって、幸せな人生にしたい、楽しい未来を手に入れたいと思い、いまここで笑っ

てる人には、因果の法則で必ずそれがもたらされるんだから。
しかも、魂は途切れることのない生き通しで、いま笑顔の人は、今世はもちろん、来世もその先も、「笑顔という原因」で「明るい結果」が用意されるわけです。
これほどオトクで楽しい法則はない。一人さんはそう思うよ。

でね、因果の法則を、より強固に味方につけるいい方法があるんです。
それはなにかと言うと、「白光の誓い」をいつも心に留めておくことなの。

**【白光の誓い】**

自分を愛して
他人を愛します
優しさと笑顔をたやさず
人の悪口は決していいません
長所をほめるように努めます

白光の誓いは、この本でお伝えしてきたことすべてが凝縮された内容と言えます。

まず、自分をゆるして愛する。

そうすれば、人のこともゆるせるし、愛せます。

地獄言葉をやめて、自分も人も天国言葉で満たしたら、神の道を行けるよって。

そんな意味の言葉なんだよね。


心に白光の誓いがあると、どんな闇も光に変わります。

まるで、磁石のS極とN極がくっつくがごとく、幸せを引き寄せる力がある。不幸を消してくれるの。

白光の誓いを忘れない限り、未来永劫《みらいえいごう》、明るい因果の法則が続くんだ。

## 今世を愛と感謝で締めくくるために

ある人が、こんな質問をくれたんです。

「以前、大勢の人の死に立ち会った医師がこう言っていました。

〝死の間際にいる人が語るのは、家族への愛や感謝、人に支えられて自分が幸せだったことばかりで、地位や名誉、学歴、財産の自慢をする人はいない〟

本当に、人は最期に愛と感謝しか出てこないものなんでしょうか？」


これはあくまでも一人さんの意見だけど、確かに、人の最期はこういうものかもしれないね。

人が亡くなる間際というのは、肉体が役目を終え、その存在感が薄くなります。魂の声のほうが大きくなる。

魂は、愛と光の存在です。

そんな魂の視点で見たら、この世で経験したことはどれも意味深く、感謝しか出てこないのは当たり前だよ。

ただ、それが全員に共通するわけでもないと思います。

人は未熟なものだから、最期まで誰かへの恨みを募らせたり、この世に対する執着があったりする場合もあるだろう。

そういう魂は浮遊霊となって、この世とあの世の間でさまよってしまう。うまくあの世に戻れず、迷子になっちゃうんだよね。

一人さんはそんな魂に成仏してもらいたくて、これまで「檄文《げきぶん》（※1）」や「だんだんよくなる未来は明るい（※2）」といった言葉を紹介してきました。

この世に未練を残した人も、その魂は愛と光です。本当は成仏したいし、あの世で待っているソウルメイトに会いたがっている。

だから、そのお手伝いをしてあげたら浮かばれない魂はすごく喜ぶし、神様からも幸せのご褒美がもらえるんです。


もちろん、自分自身も、今世の最期が訪れたときに、愛と感謝で締めくくれる準備をしておかなきゃいけない。

そのためには、肉体が自由に動く間に、好きなことを楽しむことだよね。

人目を気にして「好きなことをしたい」という魂の声を無視してばかりだと、いざ死が迫ったときに後悔ばかり出てきます。

我慢しないであれをすればよかった。思い切ってこうすればよかった。

今世の終わりに、そんな残念な気持ちになるのは嫌でしょ？

生きているときは、「こんなことしちゃダメだ」と自分を押さえつけ、死ぬときには、「肉体がなきゃできないことなのに、どうしてやらなかったんだろう」って後悔する。

肉体としての自分と、魂の自分とでは、考えることが真逆なんです。

だからこそ、死ぬ間際に魂が後悔しないよう、あなたはもっと楽しく生きなきゃいけない。したいことを我慢しないことだよ。

そうすれば、最期に「これでよかった」「今世、悔いなし」と言えるし、本当にいい人生になるんだ。

（※1）唱えるだけで、自分自身もその場も浄化できる八つの詩。詳しくは『檄文 完全版』（斎藤一人・舛岡はなゑ著／徳間書店）をお読みください。

（※2）言えば言うほど明るい波動になり、自分や人を救う言葉。詳しくは『だんだんよくなる未来は明るい』（斎藤一人著／ＰＨＰ研究所）をお読みください。

# 第5章のおさらい

見えない存在に感謝するとますます守られる
人生の旅は自分のペースで楽しむもの
魂は生き通し。大切な人とはずっと一緒だよ
死の本当の意味は「あの世での誕生」
嫌なやつは、あなたのいちばんの理解者であり味方です
人生を楽しみ、人に親切にすることで魂は磨かれる
亡くなる人は千秋楽を終えた舞台俳優だね
「白光の誓い」で明るい因果が続くよ
いつ終わりを迎えても後悔のない人生にしよう

# おわりに

自分の身に起きることは、すべて幸せの一部。

これが人生の真理です。


不幸の姿をしていても、そのなかには必ず幸せの種が入っている。

その種を見つけて、あなたの世界にまいてごらん。

やがて、それが大きな幸せに育ちます。

幸せの花や実が、あなたの人生にたくさんの彩りを添えてくれるの。


だから、なにが起きても明るく、明るく。

いつだって、笑っていこう。

「これは自分がもっと幸せになるためのチャンス」

「次のステージに進むための、神様のお試しだな」

そうやって、悪く見えることでも光に変えるんだよ。

あなたの世界に、どんな花が咲き、どんな実がなるのか、
一人さんも楽しみにしています。

今世、あなたと出会えた幸せに、感謝します。

二〇二四年九月吉日

さいとうひとり

## 斎藤一人さん公式ブログ

https://ameblo.jp/saitou-hitori-official/

一人さんがあなたのために、
ツイてる言葉を、
日替わりで載せてくれています。
ぜひ、遊びにきてくださいね。

## 斎藤一人さんX（旧Twitter）

https://x.com/HitoriSaito

一人さんのX（旧 Twitter）です。
ぜひ、フォローしてくださいね。

# 雄大な北の大地で「ひとりさん観音」に出会えます

北海道河東郡上士幌町上士幌

## ひとりさん観音

柴村恵美子さん（斎藤一人さんの弟子）が、生まれ故郷である北海道・上士幌町《かみしほろちょう》の丘に建立した、一人さんそっくりの美しい観音様。夜になると、一人さんが寄付した照明で観音様がオレンジ色にライトアップされ、昼間とは違った幻想的な姿になります。

## 記念碑

ひとりさん観音の建立から23年目に、白光の剣（※）とともに建立された「大丈夫」記念碑。一人さんの愛の波動が込められており、訪れる人の心を軽くしてくれます。

（※）千葉県香取市にある「香取神宮」の御祭神・経津主大神《ふつぬしのおおかみ》の剣。闇を払い、明るい未来を切り拓く剣とされている。

「ひとりさん観音」にお参りをすると、願い事が叶うと評判です。そのときのあなたに必要な、一人さんのメッセージカードも引けますよ。

### そのほかの一人さんスポット

**ついてる鳥居**：最上三十三観音 第2番 山寺（宝珠山 千手院）

山形県山形市大字山寺4753　電話023-695-2845

一人さんが
すばらしい波動を
入れてくださった絵が、
宮城県の
定義山《じょうぎさん》 西方寺《さいほうじ》に
飾られています。

仙台市青葉区大倉字上下1
Kids' Space 龍の間

**勢至菩薩様は
みっちゃん先生の
イメージ**

聡明に物事を判断し、冷静に考える力、智慧と優しさのイメージです。寄り添う龍は、「緑龍」になります。地球に根を張る樹木のように、その地を守り、成長、発展を手助けしてくれる龍のイメージで描かれています。

**阿弥陀如来様は
一人さんの
イメージ**

海のようにすべてを受け入れる深い愛と、すべてを浄化して癒すというイメージです。また、阿弥陀様は海を渡られて来たということでこのような絵になりました。寄り添う龍は、豊かさを運んでくださる「八大龍王様」です。

**観音菩薩様は
はなゑさんの
イメージ**

慈悲深く力強くもある優しい愛で人々を救ってくださるイメージです。寄り添う龍は、あふれる愛と生きる力強さ、エネルギーのある「桃龍」になります。愛を与える力、誕生、感謝の心を運んでくれる龍です。

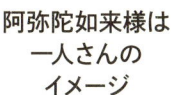

〈著者紹介〉
**斎藤一人**（さいとう・ひとり）
実業家。「銀座まるかん」（日本漢方研究所）の創業者。1993年以来、毎年、全国高額納税者番付（総合）で６位以内にただひとり連続ランクインし、2003年には累計納税額で日本一になる。土地売却や株式公開などによる高額納税者が多いなか、納税額はすべて事業所得によるものという異色の存在として注目される。
著書は『私は私』『(文庫）微差力』『(文庫）変な人の書いた世の中のしくみ』『(文庫）「大丈夫」がわかると、人生は必ずうまくいく！』『(文庫）地球は「行動の星」だから、動かないと何も始まらないんだよ。』（すべて小社）など、多数。

**斎藤一人の**
**自分を生きる極意**

2024年11月５日　初版印刷
2024年11月15日　初版発行

著　者　斎藤一人
発行人　黒川精一
発行所　株式会社 サンマーク出版
東京都新宿区北新宿 2-21-1
(電)03-5348-7800
印刷·製本　株式会社 暁印刷

© Hitori Saito, 2024 Printed in Japan
定価はカバー、帯に表示してあります。落丁、乱丁本はお取り替えいたします。
ISBN978-4-7631-4182-8　C0030
ホームページ　https://www.sunmark.co.jp
JASRAC 出 2407457-401